KB049926

고객센터 상담품질

이렇게 관리하라!

긍정적인 고객경험 제공을 위한

고객센터 상담품질
이렇게 관리하라!

초판 1쇄 인쇄일 2023년 10월 20일
초판 1쇄 발행일 2023년 10월 30일

지은이 박종태, 박은영, 송미경
펴낸이 양옥매
디자인 표지혜 송다희
교   정 김민정
마케팅 송용호

펴낸곳 도서출판 책과나무
출판등록 제2012-000376
주소 서울특별시 마포구 방울내로 79 이노빌딩 302호
대표전화 02.372.1537 **팩스** 02.372.1538
이메일 booknamu2007@naver.com
홈페이지 www.booknamu.com
ISBN 979-11-6752-363-1 (13320)

* 저작권법에 의해 보호를 받는 저작물이므로 저자와 출판사의 동의 없이
  내용의 일부를 인용하거나 발췌하는 것을 금합니다.

* 파손된 책은 구입처에서 교환해 드립니다.

긍정적인 고객경험 제공을 위한

고객센터
상담품질
이렇게
관리하라!

한국씨에스경영아카데미 지음

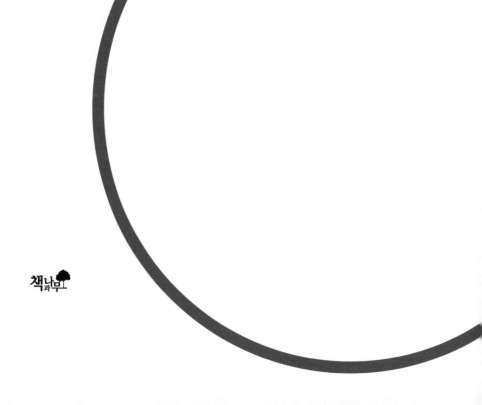

책나무

들어가는 글

필자는 2012년에 『한국형 콜센터 상담품질 매니지먼트』라는 책을 집필한 경험이 있습니다. 고객센터 상담품질과 관련하여 변변한 지침서가 하나도 없던 시기에 조금이나마 도움이 되기를 바라는 심정으로 집필을 하였고, 당시에 좋은 반응을 얻은 것으로 기억됩니다.

그로부터 10여 년이 지난 지금, 고객센터는 과거와 달리 많은 변화를 거듭하고 있습니다. 4차 산업혁명은 다양한 측면에서 기존의 기술이나 서비스의 진보를 이루어 냈고 빅데이터, 인공지능(AI), 챗봇 등으로 대표되는 첨단 기술을 활용하여 고객 접점에서 이전에 경험하지 못했던 고객경험을 제공하고 있습니다.

전에는 전화를 통한 단일 채널이 중심이 되는 고객응대가 주를 이루었지만 이후에는 모바일의 확산과 더불어 채팅, 이메일, 팩스, SNS, 앱 등 커뮤니케이션 채널이 지속적으로 성장하게 되었고 이러한 양적 채널의 증가와 더불어 상호 채널 간의 연결성이 확보되면서 채널의 질적인 변화까지 이루게 되었습니다. 기술의 진보로 고객채널의 유기적인 통합과 고객서비스의 일관성이 확보되면서 분명 고객서비스의 질이 향상되었고, 고객센터 측면에서는 비효율적인 요소가 줄어들고 신속한 의사결정이 가능해졌습니다.

그럼에도 불구하고 여전히 고객센터 운영 및 관리 측면에 있어서는 고객센터 초기의 구태에서 벗어나지 못하고 있습니다. 여전히 사람들은 고객센터에서 일하는 것을 꺼리고 이로 인해 채용이 쉽지 않은 상황이 지속되고 있으며, 교육 및 훈련에 있어서도 MZ세대의 특성을 고려한 교육이 아닌 고비용, 긴 교육 시간이 소요되는 매뉴얼 중심의 교육이 주를 이루고 있습니다. 겨우 생계를 유지할 정도로 급여를 주면서 더 많은 희생을 강요하는 구조 또한 바뀌지 않고 있습니다. 이러한 열악한 환경에서 고객만족을 위해 다양한 활동을 해야 하는 고객센터는 감정노동의 온상이 되고 있습니다.

고객센터 운영에 있어 가장 핵심이 되는 3가지 도구인 스크립트, 모니터링, 코칭은 이전과 비교해서 변화가 더디고 정형화된 서비스를 고착화시키는 주요 요인으로 작용하고 있는 것이 사실입니다. 여전히 고객응대에 있어서 탄력적인 대응을 어렵게 하는 고객응대 스크립트, 아직까지 고객서비스와 관련한 본질보다는 음성연출을 강요하는 상담품질, 상황이나 상담직원의 특성을 고려하지 않고 막무가내로 이루어지는 코칭은 과거의 방식을 그대로 답습하고 있습니다.

특히 상담품질과 관련해서는 참으로 바뀌지 않고 있습니다. 30년이 지나면 그동안 비효율적이고 본질이 아니라고 생각하는 것들에 대해서는 계속적으로 개선이 이루어져야 하는데, 여전히 그러한 문제들은 개선되지 않은 채 더 많은 문제를 양산하며 왜곡된 상담품질 활동이 이루어지고 있습니다. 그 결과, 고객은 물론 상담직원도 만족하지 못하고 이러한 업무를 관리하는 QA도 만족하지 못하는 괴이한 형태의 상담품질 활동이 지속되고 있는 것이죠.

이러한 국내 고객센터 상담품질 현황을 목도하면서 고객센터에서 오래 근무한 경험자로서 상담품질에 대한 지침을 만들어야겠다는 생각을 하게 되었습니다. 모든 상황에 맞는 지침이라고 하기에는 무리가 있겠지만, 적어도 고객센터 상담품질 업무를 수행하는 분들에게 분명한 지침 정도는 필요하겠다는 생각에 집필을 하게 된 것입니다. 그간의 경험을 토대로 어떠한 방향성을 가지고 상담품질을 관리해야 하는지 그리고 체계적인 상담품질관리를 위해 개선되어야 할 점과 구체적인 대안을 제시하고자 노력하였습니다.

책은 총 2권으로 구성되어 있으며『긍정적인 고객경험 제공을 위한 고객센터 상담품질 이렇게 관리하라』에서는 고객서비스 트렌드 및 고객경험관리를 집중적으로 다루고, 실무편인『고객센터 관리자, 상담품질 실무에 빠지다』에서는 고객상담품질의 문제점과 이를 개선하기 위한 방안을 제시합니다. 예를 들어 모니터링 평가항목은 어떻게 구성해야 하는지, 평가표 작성 절차를 구체적인 사례를 들어 설명하였습니다.

또한 실시간 모니터링 평가가 필요한 이유와 함께 평가 스킬을 향상시키는 방법은 물론 상담품질 개선을 위한 실행력을 높이는 방안을 제시하였습니다. 최근 전화로 통화하는 것을 두려워하는 콜 포비아 (Call phobia)들이 늘어나면서 채팅이 증가하는 트렌드를 반영하여 채팅상담 및 운영관리는 물론 채팅상담 시 주요 평가항목 및 모니터링 평가 방법을 다루었습니다.

이외에도 상담품질 관리자인 QA가 현장에서 겪을 수 있는 다양한 상황이나 이슈와 관련한 해결지침을 제공하였습니다. 그리고 고객센터 상담품질과 관련하여 그동안 중요하다고 여겨졌던 음성연출의 허상과 음성연출을 포기하지 못하는 이유를 심도 있게 다루었습니다. 이와 함께 이번 책에서는 음성연출의 주범은 누구이고 이렇게 문제가 많은 음성연출을 개선시키기 위한 구체적인 대안을 제시합니다.

또한 상담품질을 관리하는 데 있어 핵심이라고 할 수 있는 데이터 분석방법은 물론 실적부진자 관리방법과 함께 고객센터 상담품질 보고서를 제대로 작성하는 법 등 고객센터 상담센터 업무를 수행하는 데 있어 직접적인 도움을 주는 실무 지식과 정보를 다루고 있습니다.

이번에 집필한 책들로 인해 어느덧 30권의 책을 집필한 저자가 되었습니다. 매년 목표를 잡고 1~2권의 책은 꾸준하게 집필하자고 마음먹은 것을 실천으로 옮긴 결과입니다. 2011년에 독립을 한 후 벌써 12년이 지났는데, 그동안 정말 많은 분들의 도움 덕에 꾸준히 성장해 올 수 있었다고 생각합니다.

먼저 내 인생에 있어서 선한 영향력을 주신 영원한 멘토 백선자 대표님과 이원희 교수님, 장정빈 소장님, 박춘신 대표님, 송미애 원장님, 박진희 대표님 등 소중한 분들에게 감사를 드립니다. 이번에 책을 공동 집필하는 과정에서 성실한 태도와 삶에 대한 열정을 보여 준 박은영 대표님, 송미경 강사님에게도 감사함을 전합니다. 끝으로 항상 나를 위해 걱정해 주시는 어머니와 아내 정성희 그리고 내게는 정말 소중한 지상이, 지한이, 막내딸 서정이에게도 무한한 감사와 사랑을 전합니다.

2023년 10월
박종태

차례

CHAPTER
1

고객서비스 트렌드 및 고객경험관리

CHAPTER 2 고객센터 상담품질관리 실무

CHAPTER 3 고객센터 상담품질운영 실무

CHAPTER 4

무엇이든 물어보세요
_ QA가 현장에서 겪는 다양한 상황과 해결지침

01

전화 서비스트렌드
및 고객 브랜드 스테개험관리

CHAPTER 1

고객서비스 트렌드
및 고객경험관리

01

주목해야 할
고객서비스 트렌드의 변화

몇 년 사이에 고객서비스는 가시적인 변화를 맞이하고 있습니다. 4차 산업혁명으로 인해 인공지능 및 자동화 기능이 서비스 산업을 더욱 고도화시키고 있습니다. 또한 코로나로 인해 비대면 고객채널은 갈수록 확장을 거듭하고 있으며 기존의 기술적인 한계를 뛰어넘어 고객서비스는 발전을 거듭하고 있습니다.

무엇보다 가장 큰 변화는 기술적인 한계와 제약으로 인해 그간 추상적이고 이상적으로만 여겨졌던 고객서비스가 하나둘씩 현실화되고 있다는 점입니다. 철저한 고객 이해를 바탕으로 고객과의 관계를 발전시키고 유대감을 강화하기 위한 다양한 도구를 활용하여 예측 가능한 고객서비스를 구현하고 있는 것이 가장 대표적인 변화가 아닐까 싶습니다.

코로나로 인해 재택 근무가 일상화되고 고객서비스를 위한 디지털 전환이 가속화되는 가운데 기업은 키오스크나 SNS, 챗봇 등을 통한 고객 셀프 서비스는 물론 자동화된 인공지능 기반의 고객 참여(Engagement)를 통해 이전과는 다른 서비스를 제공하고 있는 것이죠. 이와 같이 고객서비스는 인공지능 기술의 발전과 자동화된 서비스 운영을 통해서 다양한 이점을 누리고 있습니다. 흔히 서비스 조직의 핵심목표라고 할 수 있는 고객만족을 위해 필요한 차별화된 고객경험을 제공함은 물론, 운영 효율성을 향상시킬 수 있는 실질적인 대안들이 가시화되고 있습니다.

지금부터는 향후 고객서비스의 변화에 대해서 반드시 주목해야 할 몇 가지 중요한 트렌드에 대해서 설명하고자 합니다.

먼저 고객서비스 트렌드의 변화 중 가장 주목받고 있는 것은 바로 고객경험관리입니다. 시대가 변하고 기술의 진보가 이루어졌다고 하더라도 고객은 가장 핵심적인 존재일 수밖에 없습니다. 대표적인 것이 생각을 근간으로 새로운 경영사조나 전략이 등장하는데, 이것이 바로 고객경험관리입니다. 고객경험관리를 통해서 기업이 제공하는 서비스와 관련하여 해당 고객이 얼마나 긍정적인 고객경험을 했는지를 모니터링하고, 이를 통해 고객서비스를 개선하기 위해 필요한 새로운 전략이나 시스템, 프로세스를 개발하는 데 활용하고 있습니다.

또한 시대의 변화에 따라 고객의 생각이나 라이프스타일도 변하기 마련인데 최근 고객의 특징 중에 하나는 의미 있는 경험을 위해서 시간과 비용을 아끼지 않는다는 점입니다. 고객들 대부분이 이러한 행위를 진정한 의미에서의 가치 있는 투자 또는 가치 있는 소비라고 생각하고 있는 것이죠.

여기서 가치 있는 소비란 자신의 만족도가 높은 서비스에 과감히 비용을 지불하고 소비하는 형태를 의미하며, 지향하는 가치의 수준을 낮추는 것이 아니라 오히려 가격이나 만족도 및 효용을 꼼꼼히 따져서 합리적인 소비가 이루어질 수 있도록 하는 데 초점을 맞춘다는 것입니다.

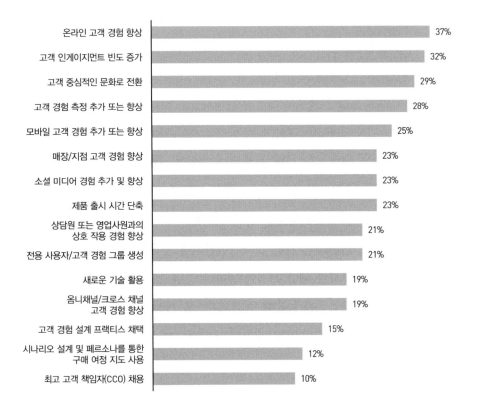

고객경험 향상을 위해 취하고 있는 주요 조치[1]

---

1   Forrester Analytics Global Business Technographics에서 2019년도 전 세계 고객 2,234명을 대상으로 우선순위 및 구매 여정 조사 결과 보고서를 참고하였음.

이러한 소비 추구를 바탕으로 기업과 관계를 맺고 있는 고객은 끊임 없이 차별화된 경험을 제공받길 원하고 있으므로 기업 입장에서는 이러한 고객의 소비 트렌드를 반영하여 고객에게 가치 있는 시간을 보낼 수 있도록 특별한 경험을 제공하고자 노력해야 합니다.

이러한 추세에 발맞춰 기업에서는 고객경험관리를 위해서 다양한 노력을 경주하고 있는데, 이렇게 긍정적이고 의미 있는 고객경험의 품질을 높이기 위해서는 기업의 관점이 아닌 고객의 관점에서 전략을 재구성해야 하며 프로세스, 시스템, 인적자원 관점에서 전면적인 전환이 필요합니다. 이와 관련하여 기업들이 취하고 있는 구체적인 조치들은 위 그래프와 같습니다.

두 번째, 코로나 이후 언택트 서비스의 확산이 트렌드의 변화라고 할 수 있습니다. 아시다시피 2019년에 지구를 휩쓴 코로나로 인해 '언택트'가 자주 언급되고 있는데 이러한 시대적인 변화와 함께 '사회적 거리 두기' 속에서 기업들은 대면을 최소화하는 비대면 중심의 서비스로의 전환을 가속화하고 있습니다.

기존의 언택트 서비스들이 비용을 줄이고 효율성을 높이거나 편의를 제공하는 데 초점을 맞췄다면, 최근 트렌드는 급작스러운 사회 변화에 대응해 소비자들이 안심하고 소비할 수 있도록 하는 데 초점을 맞추고 있다는 것이 특징입니다. 기업 입장에서는 지속되는 저성장 경제 상황에서 사람보다는 저렴한 기계를 선호하는 등 비용을 절감하기 위한 노력이 가속화하고 있으며 스마트폰에 익숙해진 고객들이 더 빠르고 더 쉬운 구매와 서비스 방식을 선호하고 있다는 것이 이러한 비대면 중심의 서비스로의 전환을 가속화하고 있습니다.

이와 함께 고객의 정보력이 높아지면서 접점 직원보다는 직접 얻은 정보를 신뢰하며 과잉연결로 인한 심리적인 피로감 때문에 대면 접촉을 회피하는 등 다양한 이유로 비대면 중심의 서비스로의 전환이 빠르게 이루어지고 있습니다.

세 번째로 개인화된 맞춤화 서비스라고 할 수 있습니다. 기존에 자주 사용되던 개인화와 구분하기 위해서 초(初)개인화된 서비스라고 표현하는 것이 정확하다고 할 수 있습니다. '초개인화된 서비스'란 기존에 CRM을 통해 제공되어 온 개인 맞춤형 서비스보다 진일보한 높은 수준의 개인화(Personalization)를 의미하는데, 고객 데이터를 기반으로 인터랙션과 선호도를 이해하고 고객이 원하고 있는 서비스는 물론 고객의 잠재적인 니즈를 파악하여 최적화된 서비스를 선제적으로 제공하는 일련의 활동을 말합니다.

코로나로 인한 비대면 서비스의 확장은 물론 기술의 발전으로 인해서 고객의 요구는 갈수록 까다로워지고 있으며 더욱더 개인화된 서비스를 원하고 있습니다. 특히 국내 고객의 경우 전 세계적으로 비교해도 디지털 친화적이면서도 수준이 높고 까다로우며 쇼핑이나 금융은 물론 콘텐츠 소비 영역에서 차별화된 개인 맞춤형 서비스를 요구하는 정도가 높습니다.

이를 위해 기업들은 인공지능이나 고객 이력 데이터를 활용하여 실시간 맞춤형 서비스를 제공하기 위해 노력하고 있습니다. 기업 입장에서 개인화된 서비스를 제공하는 것은 고객 충성도를 높이는 것은 물론 고객이 원하는 서비스와 제품을 정확하게 제공해서 실질적인 수익으로 이어지기 때문에 개인화된 맞춤화 서비스는 갈수록 더욱 확장되고 있는 추세입니다.

　기업에서는 고객 데이터와 추론 알고리즘의 조합을 통한 초개인화된 서비스를 실시간 제공하고 있습니다. 여기서 중요한 것은 단순히 '고객 자신과 비슷한 사람들을 위한 추천'이 아니라 오직 '고객 자신만을 철저히 분석한' 맞춤형 추천이 이뤄진다는 점입니다. 이것이 바로 개인화를 넘어선 초개인화 시대의 방향성이자 가장 큰 특징이라고 할 수 있습니다.

　물론 이러한 고객 데이터를 활용하여 초개인화된 서비스를 제공하는 데 있어서 개인정보 수집과 활용에 따른 '적정선'을 유지하는 것이 큰 화두로 작용할 것입니다. 따라서 기업 입장에서는 양질의 고객 데이터를 개인정보 활용에 따른 적정선을 유지하면서 확보하는 것이 가장 중요한 방향이자 전략적인 주안점이 될 것입니다.

　네 번째, 온라인 서비스 비중의 확대가 서비스의 주요 트렌드가 되고 있습니다. 위에서도 간단히 설명드렸지만 대면이 아닌 비대면에서의 고객 활동이 활발해지면서 온라인 서비스의 비중이 갈수록 확대되고 있다는 점도 고객서비스 변화의 가장 큰 특징이라고 할 수 있습니다. 상품 및 서비스 구매는 물론 빠르고 유연하게 고객의 불편사항을 해결하는 데 있어서 원격 접근성과 온라인 서비스의 비중을 확대하고 있습니다. 기업이나 고객의 입장에서는 온라인 서비스로의 전환이 가져다줄 수 있는 여러 가지 이점이 생각보다 크기 때문에 향후에도 온라인 서비스의 비중은 지속적으로 증가할 것으로 보입니다.

　코로나 19가 일상화되면서 필요한 물건과 서비스를 온라인으로 구매하는 비율이 높아졌는데, 이에 대한 전문적인 조사에 의하면 팬데

믹으로 인해 온라인 서비스로의 전환이 대략적으로 5년 정도 앞당겨
졌다고 합니다. 향후 코로나의 영향은 줄어든다고 하더라도 온라인으
로의 전환은 가속화될 것이라는 점은 명확해 보입니다.

　이러한 상황에 발 빠르게 움직인 기업들은 잠재 고객 또는 기존 고
객이 온라인 채널과 오프라인 채널을 오가면서 취하는 활동이나 다양
한 반응들을 모두 고려해서 일관되고 개인화된 콘텐츠를 채널에 관계
없이 원활하게 제공하려는 노력을 경주해 왔습니다. 흔히 옴니채널
전략을 구사하는 기업들이 늘어나는 것은 이러한 서비스의 변화를 능
동적으로 받아들인 결과라고 할 수 있습니다.

　마지막으로 고객 인게이지먼트(Engagement)가 고객서비스에 있어
중요한 트렌드가 되어 가고 있습니다. 흔히 인게이지먼트는 다양한
의미로 사용되고 있습니다. 예를 들면 '감성적 관계' 또는 '참여'라는
의미로 사용되기도 하고 시간이 지남에 따라 개인이 특정 브랜드에
대해서 느끼는 영향력, 친밀감, 연관성 등의 정도를 나타내는 의미로
쓰이기도 합니다. 최근에는 소셜 미디어가 활성화됨에 따라 고객이
특정 브랜드에 대한 광고, 스폰서십 등에 노출되었을 때 경험한 의미
있는 브랜드 경험 정도를 나타내기도 합니다.

　결국 인게이지먼트는 상호 간의 관계 형성을 위해 참여하는 것이라
고 정의할 수 있는데, 일정 기간 동안 관심을 가지고 참여하며 관계를
맺는 일련의 약속된 행동을 의미합니다. 따라서 제품이나 서비스를
생산하는 과정에서 고객을 개입 또는 참여시킴으로써 기업의 목적이
나 목표를 달성하기 위한 커뮤니케이션 활동으로 정의될 수 있으며,
이러한 관계를 지속함으로써 고객 충성도 확보는 물론 지속적인 수익

창출이 가능한 것이죠.

특히 소셜 미디어가 활성화되면서 고객 인게이지먼트를 통해 지속적인 커뮤니케이션이 가능한 신뢰 관계 구축은 물론 이러한 일련의 활동을 통해서 기업의 지속적인 성장을 유지할 수 있는 가능성이 높아지고 있습니다. 이러한 다양한 이점과 기대효과로 인해 고객서비스에 있어 인게이지먼트는 핵심적인 요소가 되어 가고 있으며 서비스 전략을 수립하는 데 있어 중요한 키워드로 자리 잡고 있습니다.

이외에도 최근에 주목해야 할 서비스 트렌드에는 여러 가지가 있겠지만, 가장 핵심적인 트렌드를 꼽으라면 위의 5가지라고 할 수 있습니다. 다만 위에서 설명한 서비스 트렌드의 핵심 용어나 활동은 독립적인 요소이기도 하지만 유기적으로 상호 영향을 주면서 서비스의 트렌드를 주도하고 있습니다.

02

코로나 이후
고객센터 서비스의 변화

⌣

2019년부터 전 세계를 강타한 코로나는 우리 일상에 많은 변화를 가져다주었습니다. 전통적으로 대면 중심으로 이루어지던 서비스가 비대면 중심으로 바뀌면서 많은 변화가 일어나고 있는 것이죠. 그 가운데 가장 대표적인 것이 모바일을 통한 서비스의 급증과 함께 고객센터 이용 비중의 확산이 아닐까 싶습니다. 코로나로 인한 비대면 활동이 증가하면서 비대면 채널을 이용하는 비중이 증가하고 있는 것이죠.

특히 고객센터의 업무량은 급격히 느는 반면 사람들이 모여 근무하는 고객센터의 환경의 특수성으로 인해 집단감염의 위험이 커졌고, 이에 따라 고객센터 상담직원의 노동환경 개선을 촉구하는 다양한 요구가 빗발쳤습니다. 고객센터에 대한 신종 코로나 확산 방지 지침이 있기는 하지만 직접적인 해결방법이 아닌 데다 고객센터 현장에서는 효과적으로 시행되고 있지도 않으며 실질적인 노동환경 개선으로 이어지지 않는다는 한계가 있습니다.

그러나 이러한 코로나의 영향으로 인해 밀집 근무를 최소화하기 위해서 유연근무제 또는 재택근무 도입을 적극적으로 시도하는 고객센터가 증가하고 있습니다. 그렇다면 코로나 이후 고객센터 서비스는 어떻게 변화할까요? 몇 가지 특징을 가지고 설명을 하도록 하겠습니다.

먼저 재택근무의 확산입니다. 코로나로 인해 상담업무가 제한적일 때 발생할 수 있는 불편함을 해소하기 위해 재택근무가 늘어나고 있습니다. 전화기, 인터넷, 모니터, 노트북 등과 같이 재택근무를 할 수 있는 필요한 장비와 VPN을 통해 전화상담 업무시스템과 고객센터의 전화망에 동시 접속할 수 있는 시스템 도입, 그리고 근무할 수 있는 분위기 및 환경이 조성되면 재택근무가 가능합니다. 초기 투자비용이 들고 경험치가 축적되기까지 불편한 점이 있기는 하겠지만 재택근무에 대한 경험치가 쌓이고 점차 시스템이나 환경에 익숙해져서 사무실과 비슷한 수준으로 고객응대가 가능해지면 재택근무가 일반화될 것으로 예상됩니다.

개인정보 문제와 상담직원 관리 및 재택 근무에 따른 역량 향상의 이슈가 있기는 하지만, 이러한 문제도 점차적으로 개선되고 있습니다. 무엇보다 대면보다는 비대면 근무를 선호하는 젊은 세대의 유입과 기업에 있어서 운영효율성 측면 그리고 업무 방식이나 환경의 변화로 인해 향후 고객센터 운영에 있어 재택근무는 보편화될 것으로 예상됩니다.

두 번째로 인공지능과 자동화와 같은 핵심기술을 접목한 서비스의 지속적인 등장입니다. 코로나로 인해서 비대면 활동이 가속화되면서 코로나 이전보다 더 많은 원격작업이 이루어지고 있으며 기존보다 더 많은 디지털 서비스 인터랙션(Interaction)이 온라인으로 이루어진다는 것이 가장 큰 특징이라고 할 수 있습니다. 인공지능으로 대표될 수 있는 4차 산업혁명이 어찌 보면 코로나로 인해서 앞당겨졌다고 볼 수 있습니다. 인공지능 및 자동화와 같은 핵심기술의 활용이 추상적이고 먼 미래의 것이 아니라, 코로나로 인해 핵심기술이 좀 더 시기가 앞당겨져 활용되었기 때문입니다.

이러한 기술의 변화와 발전으로 인해 반복적인 업무가 대폭 감소함은 물론 고객과의 상호작용이 가능해짐에 따라 직원들은 고객과의 정서적이고 감성적인 소통에 기반을 둔 개인화된 서비스에 집중할 수 있게 되었습니다. 또한 직원들은 최적의 상태에서 고객서비스 업무를 수행할 수 있고 효율적인 업무 수행을 위해 역량 향상 및 경력개발을 할 수 있습니다. 이러한 기술적인 변화로 인해 고객센터에서는 인적 자원을 효율적으로 활용할 수 있으며 적은 인원으로도 많은 업무를 수행할 수 있게 되었습니다.

흔히 RPA(Robotic Process Automation)나 챗봇과 같은 기술의 확장으로 인해 고객 상담업무를 수행하는 데 있어 필요한 작업 시간을 줄여 주고 무엇보다 업무의 효율성을 향상시킬 수 있습니다. 이러한 기술의 확장을 통해 고객응대를 수행하는 과정에서 오상담이나 오안내가 감소하고 기존 업무 프로세스가 줄어드는 등의 효과를 얻을 수 있는데, 무엇보다 속도 및 시간의 단축을 통한 운영효율성이 획기적으로 향상될 것입니다. 이러한 RPA와 같은 기술의 도입으로 업무의 복잡성이 다소 낮은 업무를 수행하는 과정에서 많은 상담직원을 대체하거나 더 높은 난이도의 업무를 처리할 수 있도록 지원할 수 있기 때문입니다.

세 번째로는 고객에 의한 셀프 서비스의 가속화입니다. 복잡한 문제 해결까지는 시간이 걸리겠지만, 고객이 필요로 하는 지식과 정보에 대해서는 직원보다 훨씬 빠르고 신속하게 고객의 문의에 답변할 수 있습니다. 이러한 셀프 서비스는 고객의 단순 문의 해결에 국한되지 않고 모든 채널에 두루 적용되어 고객의 요구사항을 신속하게 해결하거나 직간접적으로 만족도를 높이는 역할을 수행하기도 합니다. 그뿐만 아니라 기업의 수익 창출 업무는 물론 해지를 방어하는 등의 다양한 업무도 수행하게 될 것입니다. 이러한 셀프 서비스의 역할은 향후 지속적으로 확장될 추세이며 이에 대한 기업의 투자 또한 늘어날 것입니다.

그동안 고객센터 운영에 있어 셀프 서비스는 단순히 운영 효율성을 높이는 수단으로 활용된 측면이 강했습니다. 그러나 코로나로 인해서 사람과의 접촉을 최소화하려는 '사회적 거리 두기'가 일상화되면서 고객센터를 통한 접촉보다는 모바일을 통한 접촉을 선호하게 됨에 따라 셀프 서비스는 단순히 정보를 제공하기 위한 채널이 아니라 기업의 매출이나 생산성을 향상시키는 데 중요한 역할을 수행하는 핵심 서비스로 변하고 있습니다.

단순히 정보와 지식을 제공하고 고객센터의 비용을 줄여 주는 역할만이 아니라 직접적으로 구매로 이어지는 경우가 많습니다. 패스트푸드 매장에 키오스크 또는 배달대행업체의 웹을 생각하면 이해가 쉬울 것 같습니다. 따라서 고객에 의한 셀프 서비스는 과거처럼 단순히 지식이나 정보를 제공하는 차원이 아닌 다양한 채널을 통해 구매는 물론 문제 해결에 이르기까지 고객의 경험을 디자인하는 데 필요한 서비스로 확장될 것입니다.

다만 과도한 셀프 서비스가 오히려 고객의 이탈을 가속화시킬 수 있는 부작용도 있으므로 상담직원을 통한 상호작용으로써 이를 완화시키는 등의 노력이 필요할 것으로 보입니다. 단순히 비용 절감 차원에서의 셀프 서비스가 아닌 고객경험관리 차원에서 이루어져야 하며, 셀프 서비스와 (비)대면 서비스의 균형이 어떤 비율로 이루어질 때 이탈률이 최소화되는지를 분석하여 최적의 비율을 찾아내는 것도 중요합니다.

마지막으로 고객과의 접촉 채널의 확대를 통한 서비스의 진화입니다. 고객센터는 1980년대 이후 지속적으로 발전해 왔던 대표적인 고객 접촉 채널입니다. 단순히 전화를 통해서 고객과 소통하던 고객센터는 이후 다양한 고객 커뮤니케이션 채널을 통해서 상품과 서비스에 대한 정보 제공은 물론 고객의 문제를 해결해 주는 역할을 수행해 왔습니다. 다음 그림에서 보시는 바와 같이 고객채널은 다양한 형태로 발전해 왔으며, 이러한 채널을 통해 제공되는 서비스 또한 지속적으로 진화를 거듭해 왔습니다.

다음 그림에서 보는 바와 같이 기업은 기술의 진보에 따라 단순히 정보 제공 또는 고객불만을 해결했던 과거와는 다른 형태의 서비스를 지속적으로 제공하고 있으며, 대표적인 것이 바로 새로운 고객경험 제공을 통해 고객만족은 물론 수익을 높이는 것입니다. 옴니채널을 통해 고객의 행동 패턴이나 선호도와 관련한 다양한 데이터를 확보하고 이를 활용하여 최적의 상품과 서비스를 제공하는데, 이러한 과정

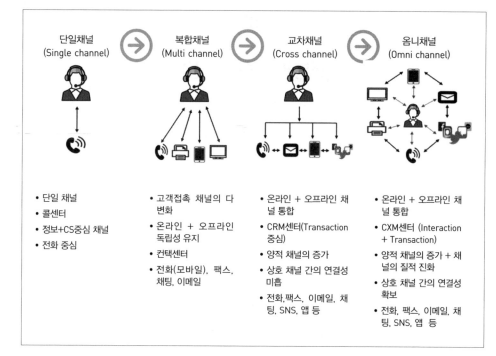

고객 커뮤니케이션 채널의 발전

을 통해서 궁극적으로 고객 개개인의 특성에 맞는 최적화된 고객경험을 제공할 수 있습니다.

또한 고객채널 간의 유기적인 통합과 고객서비스의 일관성을 통해서 고객서비스의 질이 향상됩니다. 수작업을 통해 이루어지는 고객 관련 업무는 보통 복잡하고 자질구레한 측면이 있는데, 옴니채널에 반영된 기술들로 인해 비효율적인 요소가 줄어들고 신속한 의사결정이 가능해집니다.

03

고객경험관리센터로 진화하는
고객센터

인공지능으로 대표되는 4차 산업혁명 시대에도 고객센터는 고객이 가장 많이 활용하는 대표적인 고객채널 중 하나입니다. 전화만을 가지고 고객을 응대하는 시대를 지나 지금은 챗봇은 물론 이메일, 모바일 등 다양한 채널을 통해 고객의 문제를 해결해 주는 역할을 수행하고 있습니다.

과거처럼 고객의 단순 문의나 불만을 처리해 주는 역할에서 벗어나 이제는 다양한 경로를 통해 확보된 고객 데이터를 활용하여 분석하고, 이를 근거로 하여 수익 창출은 물론 해지 방어 등 기업활동에 있어 중요한 역할을 수행하는 고객채널로 지속적인 발전을 거듭하고 있습니다.

이러한 발전과 더불어 고객센터는 단순한 업무 처리에 국한된 것이 아니라 다양한 채널에 고르게 분산되어 있는 고객의 경험을 체계적이고 통합적으로 관리하는 채널로서 각광받고 있으며, 어떤 채널을 통해 접근하더라도 고객경험이 단절되지 않도록 하는 중요한 업무를 수행하는 채널로서 자리매김하고 있습니다.

무엇보다 고객경험 차원에서 전체 고객여정(Customer Journey)을 체계적으로 관리하는 등 고객센터의 역할이 중요해지고 있습니다. 예를 들어 고객채널이 바뀌거나 동일한 이야기를 반복하지 않더라도 통합된 정보를 통해서 고객에게 개인화된 서비스를 제공함으로써 기업에 다양한 이점을 가져 다줄 수 있는 것입니다.

고객이 홈페이지나 기타 웹 또는 앱에 접속해서 상품이나 서비스를 검색하다가 궁금한 사항이 발생하면 채팅이나 게시판 또는 이메일이나 모바일 등을 통해 궁금한 사항을 해결할 수도 있고, 좀 더 자세히 알고 싶다면 직접 전화를 통해서 해결할 수도 있습니다. 이와 같이 고객채널에 접속한 고객의 다양한 접촉이력을 한눈에 파악할 수 있도록 하여 일관된 고객경험을 유지하게 할 수 있게 해 줍니다.

이 과정에서 가장 중요한 것은 고객의 불편함을 최소화하고 고객채널을 통합적으로 관리함으로써 일관된 고객경험을 제공하는 것입니다. 무엇보다 고객이 채널 간 단절 없이 언제 어디서든 서비스를 제공받을 수 있도록 하는 것이 중요해짐에 따라 기업에서도 다양한 기술을 도입하고 고객채널에 활용하고 있습니다.

이러한 고객채널의 변화를 통해서 음성이 아닌 화상으로 소통하고 단순한 전화가 아닌 인터넷을 포함한 다양한 접촉기술에 익숙한 고객이 더 편리하고 신속한 서비스를 원하게 됨에 따라서 고객경험을 고도화시키기 위한 기업의 노력은 계속되고 있습니다. 고객경험관리가 중요한 이유는 고객의 충성도를 확보하기 위함도 있지만, 기계적인 데이터 분석에 국한된 고객관계관리(CRM)의 한계를 극복하고자 나온 개념입니다. 다음 표는 고객센터를 중심으로 고객관계관리와 고객경험관리의 차이점을 정리해 놓은 것으로, 기업에서 왜 고객경험관리에 초점을 맞춰 역량을 집중하는지 알 수 있습니다.

구분	고객관계관리(CRM)	고객경험관리
개념	– 기업의 입장에서 고객만족도 관리 (고객에 대한 회사의 생각 수집/배포)	– 고객입장에서 고객만족도 관리 (회사에 대한 고객의 생각수집/배포)
측정 시점	– 고객접촉의 결과가 기록된 후	– 고객접촉이 일어나는 순간
측정 방법	– POS, 시장조사, 웹클릭, 영업실적 등	– 설문조사, 특별연구, 고객관찰 등
기대 성과	– 고객 수익성 관리 – 고객의 가치를 기업가치화 – 기업 내부의 효율성 강조 – 논리적이고 기능적인 가치 창조 – 시스템과 거래데이터 역할 강조	– 고객로열티 관리 – 기업의 가치를 고객가치화 – 경쟁사와 차별화된 경험 강조 – 감성적인 가치 강조 – 고객접점의 역할 강조
접근 방향	– 기업으로부터 고객으로 (Inside-out전략)	– 고객으로부터 기업으로 (Outside-in 전략)
업무 범위	– 기업 전반에 걸쳐 광범위한 개선에 초점	– 고객의 경험 개선에 초점
데이터	– 주로 거래데이터 활용	– 주로 고객의 경험데이터 활용

기업 입장에서 고객이 없으면 존재할 수 없다는 사실은 누구나 알고 있지만, 기업에 의해서 실행되는 여러 가지 경영사조나 전략을 보면 대부분 고객중심적이라기보다는 기업 입장에서 이루어지는 경우가 많았습니다. 또한 고객과의 상호작용(Interaction)이나 거래

(Transaction) 중심의 데이터를 통해 고객을 만족시키기 위한 노력을 경주해 왔습니다. 고객이 만족할 만한 요소나 프로세스를 고객의 입장에서 고객경험을 디자인하고 긍정적인 정서를 경험할 수 있도록 다양한 요소를 발굴해야 함에도 불구하고, 이러한 노력은 부족한 것이 사실이었습니다.

사실 고객경험관리는 새로운 개념이 아니라 2000년대 초반부터 꾸준하게 제기되고 연구되어 왔던 경영전략입니다. 고객여정지도(Customer Journey Map)를 통해 기업이 고객의 입장에서 고객이 접촉하는 모든 터치포인트(Touch point)[1]를 시스템적으로 추적·관리·분석하여 최고의 고객경험을 제공하는 것이라고 할 수 있습니다. 이러한 차별화된 고객경험관리를 통해 시장에서의 우위를 유지하기 위해 노력하고 있습니다.

위에서도 설명드렸다시피 고객센터는 단순한 고객응대 채널이 아닌 고객과의 직접적인 접촉과 소통을 통해서 긍정적인 경험을 제공해야 하고, 이러한 과정을 통해 기업의 목표와 비전을 달성할 수 있어야 합니다. 그렇다면 왜 고객센터가 고객경험관리의 주요 채널로 부각되고 있으며, 단순한 고객센터가 아닌 고객경험관리센터로 진화해야 할까요?

아시다시피 고객센터는 고객에 대한 모든 정보와 데이터가 수집되고 축적되는 고객 커뮤니케이션 허브(Hub)라고 할 수 있습니다. 또한

---

1   고객이 기업과 접촉하는 모든 단계에서 발생하는 상호작용이나 커뮤니케이션을 의미하며 일반적으로 서비스가 이루어지는 모든 것을 말함.

고객이 가장 많이 접촉하는 채널인 동시에 다른 채널을 통합하여 관리하기에 최적의 조건을 가진 채널이기도 합니다. 고객센터에서는 고객과 관련된 데이터를 실시간으로 접할 수 있으며 이러한 정보를 바탕으로 신속하게 서비스를 제공함은 물론 서비스가 끊기지 않는 영속성을 보장하며, 데이터를 분석하고 추적 및 관리함으로써 고객만족은 물론 수익 창출과 고객 이탈을 방지할 수 있습니다.

또한 고객에게 제공해야 할 지식과 정보를 신속하고 정확하게 제공함은 물론 고객의 문제에 대한 해결률을 높이고 불필요한 프로세스를 줄임으로써 운영효율성 향상과 함께 지속적인 수익 창출과 같은 기업의 사업 성과에 직간접적으로 기여할 수 있습니다.

그리고 고객센터는 고객과의 지속적인 소통을 통해 고객의 구매 시점서부터 마무리 단계에 이르기까지 고객 구매 여정 전 과정에 걸쳐 직접적이고도 다양한 역할을 수행하는 채널이기도 합니다. 그뿐만 아니라 고객여정 전 과정에 걸쳐 고객의 접점에 위치해 있어 긍정적인 고객경험을 결정짓는 데 직간접적인 영향을 미치기 때문에 고객경험관리센터로 진화할 필요성이 있습니다.

기술의 발달로 인해 음성으로 대표되던 전화 중심의 고객센터에서 벗어나 채팅, SNS, 이메일, 게시판 등 다양한 채널을 통해서 고객과의 커뮤니케이션이 무엇보다 중요해지고 있고 고객경험의 수준 또한 계속해서 발전하고 있기 때문에 고객 접점의 최전선에서 활동하고 있는 고객센터도 이러한 변화에 발맞춰 고객경험관리센터로 진화해야 하는 것은 어찌 보면 당연하다고 할 수 있습니다.

04

고객서비스 채널 유형과
고객여정관리 전략

코로나 이후 사회적·문화적으로 많은 변화가 일어나고 있습니다. 특히 비대면 접촉이 증가하면서 기업 입장에서는 디지털로의 전환 압박이 심해지고, 코로나로 인해 언택트가 또 다른 소비 트렌드가 되면서 이와 관련된 기술이 뉴노멀(New normal)로 자리 잡기 시작했습니다. 이와 함께 얼굴을 마주 대하고 직접적으로 대화하거나 심지어 전화 통화도 힘들어하는 밀레니얼 세대와 Z세대의 유입에 따라 서비스에도 다양한 변화가 일어나고 있습니다.

워라밸, 케렌시아, 소확행에 열광하는 젊은 세대들의 등장으로 인해서 고객서비스 또한 과거와는 다른 양상으로 전개되고 있습니다. 코로나로 인한 영향도 있지만 기술의 발전으로 인해 재택근무를 하는 사람들이 늘어나고 있으며, 인공지능 기술과 셀프 서비스를 이용하여 사람과 직접적으로 접촉하지 않아도 모바일을 통한 주문은 물론 자신의 불편사항을 해결하는 일이 가능해진 것입니다.

특히 MZ세대가 주를 이루는 젊은 층이 생각하는 훌륭한 서비스에 대한 기준이나 정의가 기존 세대와는 다른 방향으로 전개되고 있다는 사실을 주목할 필요가 있습니다. 무엇보다 속도에 민감한 세대이기 때문에 서비스도 신속하길 원합니다. 또한 다양한 고객서비스 접촉 채널을 원하며 문제 발생 시 자신이 직접 문제를 해결할 수 있는 방법을 찾는 경향이 다른 세대보다 더 강한 것으로 나타납니다.

이러한 MZ세대의 특징은 고객서비스 채널 이용에서도 두드러지는데, 고객서비스에 실시간 채팅이나 소셜 미디어 또는 문자를 활용하는 비중이 점차적으로 증가하고 있으며 특히 스스로 문제 해결을 위해서 셀프채널을 이용하는 비중이 다른 세대보다 높은 것으로 나타납니다. 특히 전화를 통한 접촉을 기피하는 MZ세대의 등장으로 인해 온라인 웹사이트 또는 앱을 통한 서비스가 더욱 각광받고 있습니다. 간단한 앱을 통해 배달이나 서비스를 주문하는 것이 대표적이죠.

이러한 변화와 더불어 MZ세대만이 아닌 일반 고객들도 대면보다는 비대면 채널을 선호하는 경향이 갈수록 증가하고 있습니다. 이와 관련하여 대한민국 성인 남녀 2명 중 1명이 전화 통화에 두려움을 느끼는 콜 포비아(Call Phobia)[1]라는 사실이 기사에 실렸습니다.[2] 성인 남녀 518명을 대상으로 잡코리아와 알바몬 기획으로 '전화가 두려운 이유'를 조사한 결과, 2021년보다 증가한 것으로 나타났으며 그룹별로 직장인(47.4%)보다 취업준비생(57.7%)에게서 이러한 경향이 두드러

---

1 전화(Call)와 공포증(Phobia)의 합성어로 전화 통화를 기피하는 현상
2 권효중, "왜 굳이 전화해? 통화가 두려운 MZ세대들", 이데일리, 2022. 08. 03.

지게 나타났습니다. 다음은 MZ세대들이 전화 통화에 두려움을 겪는 이유를 정리한 것입니다.

순위	이유	비율
1위	메시지 앱/문자 등 비대면 의사소통에 익숙해져서	58.2%
2위	나도 모르게 실수를 할까 봐	35.3%
3위	말을 잘 못해서	30.5%
4위	통화 업무 등으로 인한 트라우마가 있어서	22.5%
5위	통화로 말을 정확히 듣고 이해하는 게 어려워서	22.2%

콜 포비아(Call phobia)를 겪는 이유(콜 포비아를 겪는 성인 남녀 대상, 복수응답 조사, 2022)

MZ세대들은 전화를 하는 것에 불편함을 느끼는 반면, 선호하는 의사소통방식은 문자ㆍ메신저 등을 활용한 비대면 의사소통(58.9%)이 1위, 이어 직접 만나 대화하는 '대면 의사소통(29.3%)'을 선호한다는 답변이 2위, 마지막으로 전화 통화를 선호한다는 답변은 11.2%로 가장 적게 나타났습니다.

고객채널을 대하는 고객의 성향 변화로 인해 고객서비스 채널에 있어서 대면보다는 비대면이 더욱 활성화되고 있으며, 비대면 채널 중에서도 직접 사람과의 접촉을 통한 의사소통보다는 앱이나 문자와 같은 사람과의 접촉 가능성이 거의 없거나 최소화한 채널을 더욱 선호하는 현상이 두드러지고 있습니다.

이와 같은 고객채널에 대한 선호 변화에 맞춰 고객서비스나 고객경험관리 전략도 변화되어야 합니다. 사실 고객서비스나 고객경험은 기업 발전은 물론 타사와의 경쟁에서도 중요한 차별화 요소로 자리매김하고 있습니다. 흔히 고객서비스는 고객의 니즈나 기대치를 만족시키기 위한 일련의 모든 활동으로 정의할 수 있고, 고객경험이라는 것은 고객과 만나는 모든 접점(Touch point)을 체계적으로 관리하는 활동이라고 정의할 수 있습니다.

또한 고객이 기업과 접촉하는 과정에 얻게 되는 경험은 크게 '기대 · 감정 · 기억'이라고 할 수 있습니다. 예를 들어 고객센터에 궁금한 사항이 있어서 문의했을 때 적어도 고객은 해당 지식이나 정보에 대한 제공 또는 문제 해결에 대한 기대를 하게 되는 것이죠. 지식이나 정보에 대한 제공 또는 문제 해결 과정이 순탄하게 이루어지면 긍정적인 감정이 발생할 것입니다. 그리고 고객은 이러한 기분이나 감정을 기억하게 되는 것입니다.

이렇게 고객이 기업의 서비스를 경험하게 되는 일련의 절차나 과정을 '고객여정'이라고 하며 이를 체계적으로 관리하는 행위를 '고객여정관리'라고 하는데, 이러한 관리를 통해서 고객서비스를 개선하고 차별화시킴으로써 고객의 기업에 대한 충성도를 높일 수 있는 것입니다. 따라서 훌륭한 고객서비스를 제공하기 위해서는 고객경험관리가 그만큼 중요하다고 할 수 있는데, 고객경험관리를 실행함에 있어서 가장 중요한 것이 '어떻게 고객여정을 관리할 것인가?'입니다.

이를 위해 보통 고객여정지도를 만들기도 하는데, 이러한 활동은 고객과 관련하여 다양하고 심오한 인사이트를 제공하므로 심도 있게 다루어져야 합니다. 위에서 언급하였다시피 고객경험관리를 할 때 기대 · 감정 · 기억을 발생하게 하는 가장 핵심적인 순간이 무엇인지를 찾아야 합니다. 위 3가지 요소는 실제 현장에서는 보이지 않지만 고객센터에서 고객경험관리를 할 때 동일한 중요성을 가지는 요소들이기 때문입니다.

예를 들어 고객센터에 전화를 할 경우 감정적으로 부담을 느끼는 순간이 언제인지를 파악하는 것도 고객여정을 매핑(Mapping)할 때 중요한 요소가 되기도 합니다. 고객 입장에서 고객센터에 전화를 거는 것에 부담을 느낀다면 이러한 순간이 바로 고객센터에 대한 고객의 기대와 일치하는지 여부를 확인할 수 있는 좋은 기회이며, 이를 통해 고객센터의 운영목표를 달성하는 데 도움이 되는 지표나 개선활동으로 삼을 수 있습니다.

고객여정 매핑은 고객센터에서 상담품질 관련 지표를 개선하거나 보완하는 데도 활용할 수 있습니다. 고객경험을 긍정적으로 만드는 요소가 무엇인지를 파악해서 이를 모니터링 평가표에 반영할 수 있는 것이죠. 흔히 고객여정관리라는 것은 고객여정과 관련한 데이터를 분석하고 이를 근거로 고객경험을 개선하기 위한 후속 조치를 취하는 것까지를 포함합니다. 다음 장에서는 고객센터 고객여정관리에 대해서 알아보도록 하겠습니다.

05

'고객여정지도'에서 찾는
상담품질관리 전략

ᵕ

고객은 기업이 제공하는 제품이나 서비스의 질뿐만 아니라, 기업과 접촉하는 모든 순간에 경험을 얻게 됩니다. 기업의 웹사이트, 모바일 앱, 오프라인 매장, 고객센터 등 다양한 채널을 통해 서비스를 경험하고 평가합니다. 따라서 기업은 모든 채널에서 제공되는 활동에 더욱 주목하고, 고객경험을 개선·발전시키기 위해 고객경험관리라는 전략과 프로세스를 활용하게 됩니다.

기술의 발전과 함께 서비스에 대한 고객의 기대 수준은 변화하고, 그에 따라 서비스 형태도 많이 변화되었습니다. 고객은 유형의 상품보다 무형의 경험에 더 관심을 갖게 되었고, 경험의 가치를 더 중요하게 생각하게 되었습니다. 이전에는 돈을 내고 남는 결과물에 대한 만족도를 평가했다면 이제는 서비스를 제공받는 과정에서 경험하는 과정품질의 가치도 중요시 여기게 되었으며, 그 경험에 비싼 돈도 기꺼이 지불하는 사람들이 점점 더 많아지고 있습니다. 다시 말해, 기존에는 '이 기업의 서비스가 좋다.'라고 서비스 결과에 대한 평가했던 것이 '이 기업을 이용하면서 아주 좋은 경험(기억)을 했어.'와 같이 모든 과정에서 누적된 경험을 기억하고 평가하는 것으로 바뀌어 가고 있다는 것이죠.

사람의 경험은 개인의 가치와 인식에 따라 형성되기 때문에 전통적인 숫자에 의한 평가 방식은 적용하기가 어렵습니다. 경험은 다양한 요소들의 복합적인 조합에 의해 형성되므로 경험의 품질을 정확히 파악하여야 하며, 이를 개선하기 위해서는 모든 접점의 경험을 고려하여야 합니다. 그러기 위해 고객이 서비스를 통해 경험하게 되는 모든 유·무형의 요소(사람, 사물, 행동, 감성, 공간, 커뮤니케이션, 도식 등) 및 모든 경로(프로세스, 시스템, 인터렉션, 감성 로드맵 등)에 대해 고객중심의 리서치 방법을 활용하여 고객의 잠재된 기대와 요구를 파악하고 서비스를 개선하려는 노력을 해야 합니다.

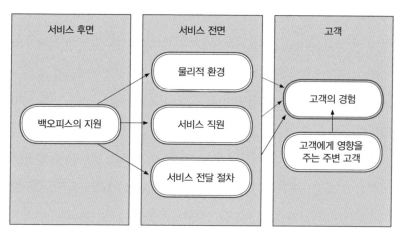

고객서비스 경험 디자인 범위 (출처: 김진우, 『서비스 경험 디자인: 나, 스티브 잡스를 만나다』, 2017)

고객경험을 향상시키기 위해서는 고객에게 보이는 것만이 아닌 보이지 않는 영역까지 다루는 것이 매우 중요합니다. 이를 위해 서비스 디자인 방법론을 적용할 수 있습니다. 고객서비스 경험 디자인은 단순하게 고객만을 관찰하는 것이 아니라 서비스의 모든 요소를 고려하여 고객의 경험을 만족시키기 위한 방법론입니다. 특정 접점이나 요소에만 집중하는 것이 아니라 서비스 전면, 서비스 후면, 고객까지 모든 요소를 다루게 됩니다. 물리적인 환경(IVR연결 멘트, 대기안내, Voice 시스템 등), 서비스 직원(상담 직원), 서비스 전달 절차(서비스 처리 절차, 시스템)와 백오피스 지원요소(상담품질관리, 스크립트, 매뉴얼 등 기타 지원)까지 모든 요소를 포함합니다.

고객경험을 최적화하는 다양한 방법 가운데 고객이 기업과 의사소통하는 과정을 이해하고 그 과정 속에서 개선점을 도출해 내는 '고객여정지도' 작성 방법을 소개하고자 합니다. 고객여정지도 작성은 고객의 경험을 전체적인 관점으로 바라보며, 고객의 입장에서 원하는 기대와 목표부터 행동까지의 모든 여정을 바라보는 과정입니다. 고객이 회사(고객센터)나 서비스를 이용하면서 경험하고 있는 상호작용의 내용을 시각적으로 표현한 것으로 접점마다 고객의 동기, 즉 고객의 니즈(Needs) 그리고 고충을 파악하고 서비스 개선점을 찾는 것을 의미합니다.

기존에 잘 만들어진 매뉴얼과 스크립트만으로도 센터를 운영함에 어려움이 없고, 좋은 경험을 제공하고 있다고 생각하고 있기 때문에 고객여정지도 작성의 필요성을 인지하지 못할 수 있습니다. 하지만 기업이 고객의 경험을 완전히 이해한다는 것은 결코 쉬운 일이 아니며, 사실 고객이 느끼는 경험은 다를 수 있습니다. 따라서 고객여정지도 작성은 고객경험을 관리하는 상담 품질관리부서에는 반드시 필요합니다. 고객이 어떤 생각을 하고 있는지, 구체적으로 어떤 점에서 불편함을 느꼈는지, 무엇에서 만족을 느꼈는지 파악하지 않고는 더 나은 서비스로 개선하기 어렵기 때문입니다.

고객여정을 각 단계별로 구분하여 목표와 일치시킨 후 그 접점에서 발생되는 문제점을 발견하고 개선점을 찾는 것은 필수 단계입니다. 고객이 언급한 고충을 해결하는 것 이상으로 보이지 않는 고객경험의 이면을 생각하고 예측하여 미리 개선할 수 있다는 이점을 가지고 있습니다. 그러므로 고객여정지도 작성은 시각화하는 것에서 그치지 않고, 각 여정에서 발생하는 데이터를 분석하여 고객의 경험을 긍정적으로 개선하기 위한 후속 조치까지 포함해야 합니다. 고객여정지도를 통해 고객이 하는 행동(여정)을 잘 이해하고, 문제점을 개선할수록 고객의 경험이 함께 개선될 수 있기 때문입니다.

그러나 고객여정지도를 단순히 고객과 소통하는 접점을 받아 적어 놓거나 나열해 놓기만 한 프로세스라고 생각할 경우, 고객여정의 많은 부분을 놓칠 수 있습니다. 따라서 전체적인 관점에서 고객의 입장을 파악하고 긍정적인 경험을 제공할 수 있도록 종합적으로 작성해야 합니다. 아래 예시를 바탕으로 고객여정지도를 작성하여 고객이 기업의 서비스를 경험하기 전에 기대하는 사항, 고객의 행동(여정), 고객 태도(감정), 경험, 문제 및 개선점을 파악합니다. 이러한 작성 과정을 통하여 고객여정지도 작성의 프레임 워크를 이해할 수 있습니다.

다음 그림은 '휴대전화 통신 서비스 이용 고객'의 여정지도입니다.

고객여정지도 작성의 첫 번째 단계는 고객여정지도의 목표를 명확히 설정하는 것입니다. 제작하기 전에 목표가 무엇인지, 어떤 고객에 대한 것인지, 어떤 경험을 기반으로 할지를 명확하게 할 필요가 있습니다. 이후 여정지도 작성의 모든 단계에서 방향성을 잃지 않고, 고객을 상기시켜 주며 여정을 그려 내는 데 유용합니다. 이 예시에서는 새 휴대전화 구매 후 청구된 요금이 예상보다 높고, 안내받지 못한 부가 서비스 가입 등으로 상담이 필요한 고객을 목표로 설정했습니다.

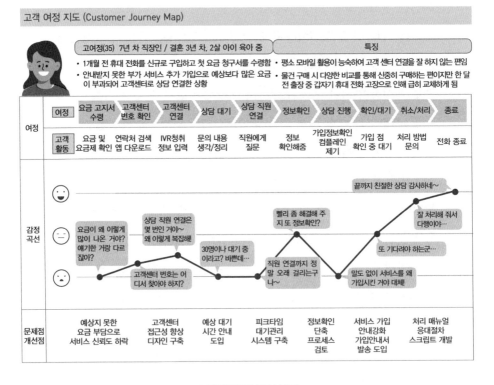

고객여정지도 작성 예시

둘째, 고객 페르소나의 프로필을 작성하고 목표를 정의합니다. 고객의 여정을 효과적으로 이해하기 위해서는 고객을 먼저 이해해야 합니다. 이름, 나이, 직업, 가족, 개인 목표 등 개인의 특성을 반영한 고객을 구성하는 정보는 고객을 파악하는 데 도움이 됩니다. 이러한 페르소나를 통해 고객의 특성, 근본적인 동기, 지원 방법 등 고객 유형에 대한 이해와 대처 방법을 예측해 봄으로써 고객 맞춤형 접근 방식을 만들 수 있습니다.

위에서는 '7년 차 직장인, 결혼 3년 차, 2살 아이를 육아 중인 35세 여성'으로 평소에 모바일 활용이 능숙하여 오히려 고객센터 연결이 익숙하지 않은 고여정이라는 특정 고객을 예로 들었습니다. 이 고객은 평소 꼼꼼한 성격으로 소비 발생 시 많은 비교와 분석을 하지만 출장 중에 휴대전화가 갑자기 고장 나 급히 교체하게 된 예외적인 상황적 특징이 있습니다. 이렇게 상황과 특징을 구체화할수록 페르소나가 직면한 문제를 해결하고 원하는 경험을 제공하는 생생한 여정지도를 작성할 수 있습니다.

셋째, 고객의 모든 여정을 기록합니다. 고객이 '무슨 행동을 하는가', '어떤 생각을 하는가', '어떤 경험을 하는가', '목표를 달성하기 위해 반드시 들어가야 하는 단계는 무엇인가', '거치는 단계에서 발생하는 불필요한 접점은 없는가' 등을 파악하면서 고객의 여정을 나눠 볼 수 있습니다. 위 예시에서는 청구서를 받은 이후 상담을 위해 고객센터 번호를 검색하는 행동을 시작으로 상담을 진행하는 과정 속에서 불편함을 느끼는 순간의 생각, 해결해 가는 과정에서의 생각과 경험을 구성했습니다. 이 단계에서는 고객과의 접점을 빠짐없이 그리고 중복 없이 기록하는 것이 중요합니다. 고객의 목표를 이해하는 데 유용하고 가장 중요한 단계라고 할 수 있습니다.

넷째, 여정 속 고객이 느끼는 감정 곡선을 예측합니다. 모든 행동은 감정에 의한 결과로 나타나게 마련입니다. 고객의 감정은 그들의 여정에서 경험하는 긍정 또는 부정의 상황에 의해 발생합니다. 고객의 감정 변화를 통해 고객의 행동을 더 심도 있게 이해할 수 있으며 그에 맞는 서비스 전략(응대 스크립트, 응대 방법 등)을 적절하게 기획하고, 실용적인 대안 제시와 문제 해결을 통해 부정적 경험은 줄이고 긍정적 경험을 제공할 수 있습니다.

고객센터는 다른 서비스 산업과 달리 청각적인 요소로써 고객의 감정을 파악해 내야 하는 만큼 상담 도중 즉각적으로 고객의 감정을 파악하는 것이 쉽지는 않습니다. 따라서 평소에 고객의 여정 속에서 감정을 파악하여 고객의 감정을 공감해 볼 수 있도록 훈련해야 합니다. 위 예시의 경우, 예상하지 못한 청구서 금액을 보고 느낀 부정적 감정 곡선이 상담 직원 연결까지의 복잡한 절차, 긴 대기 시간, 반복적인 정보 확인 등의 불편함으로 누적되고 있으나, 적극적이고 신속하게 처리되어 긍정적 감정을 느끼며 마무리되고 있습니다. 고객이 느끼는 감정 곡선의 굴곡점마다 그러한 감정을 느끼는 이유를 구체적으로 파악함으로써 고객의 기대감정과 요구를 이해할 수 있게 됩니다.

다섯째, 문제점 및 개선점을 파악합니다. 고객여정지도를 작성하면서 고객이 느끼는 문제 및 개선점을 파악하는 것이 중요합니다. 불만을 느끼는 대부분의 고객은 직접적으로 표현하지 않습니다. 그러다 보니 표면적으로 많은 불만이 발생하고 나서야 고객의 불편 사항을 파악하고 개선 방안을 찾고는 합니다. 그러나 고객여정관리를 하게 될 경우, 고객이 말하기 전에 고객 행동과 감정을 예측하여 문제를 사전에 파악할 수 있습니다. 문제를 고객이 말하기 전에 해결함으로써 고객에게 긍정적인 경험을 제공하고, 결국 고객의 충성도를 얻을 수 있습니다.

지금까지 고객경험관리 전략의 핵심 요소 중 하나인 고객여정지도 작성에 대해 살펴보았습니다. 고객여정지도 작성은 고객이 경험하는 전체 여정을 살펴보고 고객의 감정을 파악하여 지속적으로 개선하는 데 가장 중요한 역할을 합니다. 고객경험을 향상시키기 위해서는 고객여정지도 작성과 더불어 고객의 의견을 적극적으로 수렴하고, 고객 참여를 통한 의사소통 활성화 전략 그리고 다양한 서비스 디자인 방법론을 활용할 수 있습니다.

06

고객센터에서
상담직원의 경험관리도 중요하다

"고기도 먹어 본 사람이 잘 먹는다."라는 속담이 있습니다. 무슨 일이든 늘 하던 사람이 더 잘한다는 의미로 해석될 수 있습니다. 같은 일을 하더라도 이미 경험이 풍부한 사람들의 경우 시행착오를 겪을 가능성이 적고 사소한 위기에 흔들리지 않을 가능성이 높기 때문입니다. 이는 고객센터에도 적용되어 '고객응대 업무를 많이 해 본 직원들이 좀 더 다양한 서비스와 응대를 할 수 있다.'고 할 수 있습니다. 고객과 관련하여 다양한 경험을 해 본 직원들이 좀 더 나은 서비스를 제공할 수 있습니다.

그런데 여기서 간과하지 말아야 할 중요한 사실이 하나 있습니다. 바로 '고기를 누가 제공하느냐?'라는 것과 '고기를 줄 수 있는 상황이나 조건이 되느냐?'입니다. 고기를 줄 수 있는 상황이 되지도 않고 줄 생각도 없다면 직원 입장에서 제대로 된 고객서비스를 제공하기 어렵습니다. 고기를 먹어 보지 못한 직원들이 고객의 입장에서 생각하고 고객에게 긍정적인 경험을 전달하려고 하지도 않을뿐더러 회사가 지향하는 서비스를 제대로 전달할 리 없기 때문입니다.

앞에서도 언급하였듯이 이미 다양한 디지털 신기술을 활용해 고객경험을 관리하고 있는 고객센터가 늘어나고 있는 추세를 보면, 대표적인 고객채널인 고객센터에서도 고객경험관리센터로의 진화 및 변화가 필요한 시점입니다. 이를 위해서는 전략이나 프로세스, 시스템도 중요하지만 무엇보다도 긍정적인 고객경험을 제공해야 할 주제는 바로 상담직원이라는 사실을 반드시 인지하여야 합니다.

고객센터에서 이루어지는 대부분의 일은 사람으로 시작해서 사람으로 끝나는 경우가 많습니다. 그만큼 사람(직원)이 중요하다는 의미인데, 고객경험관리 차원에서 고객도 중요하지만 고객의 요구를 정확하게 이해하고 이를 만족시켜 줄 수 있는 직원들의 경험도 중요합니다. 예를 들어 값비싼 와인을 마셔 본 경험이 없는 직원이 고객에게 제대로 와인에 대한 설명이나 자신의 경험을 제공할 수 없다면, 고객에 대한 공감은 물론 추가적인 서비스를 제공하기에는 분명 한계가 발생할 수밖에 없습니다.

이와 같이 고객의 요구를 제대로 소화하고 이를 성공적인 경험으로 이끌기 위해서는 직원의 경험관리도 고객경험관리만큼이나 중요합니다. 그뿐만 아니라 긍정적인 직원경험이 생산성이나 이직률에도 직접적인 영향을 준다고 합니다. 실제 가트너 그룹의 연구에 의하면, 긍정적인 경험을 한 직원이 해당 조직에 머무를 확률이 60% 더 높으며 성과가 우수한 직원일 가능성이 69% 더 높다는 결과를 발표하기도 하

였습니다.[1]

흔히 상담직원 경험관리는 채용부터 교육 및 훈련, 동기부여, 조직 문화, 성과관리에 이르기까지 모든 것이 범주에 포함됩니다. 따라서 고객이 원하는 서비스를 효율적으로 제공하고 고객의 긍정적인 경험을 극대화할 수 있도록 시스템이나 프로세스에 대한 투자가 이루어져야 하지만, 무엇보다 상담직원의 경험은 고객을 효율적으로 응대하기에 최적화된 방식으로 제공되어야 합니다.

고객센터를 보면 상담직원 경험 측면에서 이용하기에 편리한 시스템은 물론 체계적인 지원이 이루어지고 있는지를 확인해 볼 필요가 있습니다. 신속하고 정확한 서비스를 제공하라고 하면서 한 가지 업무를 처리하는 3~4개의 상담화면을 열어야 하고 후처리를 지연시키는 프로세스로 인해 응대할 때마다 불안감을 느껴야 한다면 만족할 만한 서비스를 제공하기 어렵습니다.

아시다시피 고객센터에서의 MZ세대의 비중이 50%를 넘긴 지 오래되었습니다. 고객만 MZ세대가 아니라 고객센터에서 근무하는 직원들도 MZ세대가 주를 이루고 있는데, 문제는 고객센터에서 사람을 뽑는 것이 갈수록 어려워지고 있다는 사실입니다. 다른 업종도 그렇겠지만 젊은 세대의 고객센터 유입이 눈에 띄게 줄어들고 있는데, 이는 고객센터의 조직문화와 연관이 깊습니다. 즉, 고객센터 조직문화 또한 상담직원의 경험에 지대한 영향을 미치는 요소로 작용한다는 것입

---

[1] Sarah K. White, '뉴노멀 시대의 HR' 인간 중심의 직원경험이란?', 『CIO』, 2022.09.27.

니다.

고객센터에서 근무하는 것이 즐겁고 긍정적인 분위기가 형성되면 당연히 상담직원들 입장에서는 업무 몰입은 물론 생산성까지 높아지고, 이는 고객에게 긍정적인 경험을 제공하게 되는 선순환 구조를 이루게 됩니다. 그런데 매일 콜 실적에 압박을 느껴야 하고 고객센터 조직에서 보이지 않는 은따나 왕따, 역량 미달의 관리자 리더십과 권한위임의 부재는 물론 상담직원들을 부품으로 생각해 제대로 투자하지 않고 쉽게 자르고 쉽게 채용하며, 바빠서 화장실도 제때 갈 수 없어 방광염에 시달리는 직원들이 존재한다면, 실적 압박에 최소한의 쉴 권리를 누리지도 못하는 이곳에서 직원들이 과연 고객이 원하는 서비스를 제공할 수 있을까요?

위에서 언급하였다시피 고객경험관리만큼이나 상담직원관리가 중요합니다. 상담직원이 해당 조직을 처음 마주친 순간부터 회사를 떠날 때까지의 모든 경험이 직원경험관리의 범주에 속합니다. 고객경험과 동일하게 처음 접하게 된 회사의 이미지와 입사해서 상담업무를 수행하면서 느꼈던 다양한 경험이 결국 직원이 스스로 열정적으로 일할 수 있도록 하는 밑바탕이 되는 것입니다. 즉, 고객센터에서의 긍정적인 경험이 직원들을 고객상담 업무에 몰입하게 만들어 고객을 만족시키고 결국 긍정적인 고객경험을 창출해 내는 것입니다.

이렇게 직원경험이 고객센터 조직의 성장에 매우 중요한 요인으로 등장하게 된 이유는 MZ세대의 등장이 가장 큰데, 이들의 일하는 방식이나 동기부여 방식은 기존 세대와는 완전히 다르기 때문입니다. 따라서 기존 고객센터 조직의 리더십이나 조직문화, 인사관리로는 이들을 제대로 이끌어 나가기 어려우므로 기존 고객센터 운영조직 관점에서 수립된 인사제도나 환경 또는 기존 직원들의 관점 또한 바꿔야 하는 것이죠. 이에 맞춰 상담직원의 경험관리를 위해서는 다양한 요소들이 갖추어져야 하는데, 그중 반드시 갖추어야 하는 몇 가지 사항을 살펴보겠습니다.

먼저 고객센터 직원들에 대한 관심사가 무엇이고 조직에 속해 있으면서 원하는 것이 무엇인지를 정확히 알고 있어야 합니다. 말 그대로 고객센터 직원들을 철저히 이해하는 것이 선행되어야 하죠. 이를 위해서 직원 만족도 조사(ESI), 직원 몰입도 조사 또는 직무 스트레스조사 등을 정기적으로 시행하여 직원들이 어떤 생각을 가지고 있는지를 파악하는 것이 매우 중요합니다. 이와 같은 조사는 보통 설문조사나 인터뷰를 통해 이루어지기도 하며, 보다 전문적인 진단이 필요하다면 외부 기관을 활용하여 직원들의 의견이나 생각을 듣고 주요 이슈는 무엇이며 어떠한 방식으로 대처하고 있고 어떤 방식으로 개선해야 하는지를 이해하고 파악해야 합니다. 적어도 이러한 노력이 선행되어야 직원들이 기대하는 것은 무엇이고 향후 개선되어야 할 사항은 무엇인지 그리고 이를 위해 어떤 노력이나 자원투입이 필요한지를 계획할 수 있기 때문입니다.

이와 함께 고객센터 업무 환경에 대한 관심과 투자가 병행되어야 합니다. 여기서 말하는 환경이란 단순히 고객센터 부스나 휴게실 또는 인테리어나 쾌적한 근무환경, 업무용 도구나 협업 툴에 국한하는 것이 아니라 고객센터 직원이 업무를 효율적으로 수행하는 데 필요한 기술이나 지원을 의미합니다. 예를 들어 고객과의 통화를 최소화하기 위한 라우팅 기술이나 셀프서비스(Self service) 등을 통해 필요한 통화만 상담직원에게 연결되게 하는 것이죠. 그뿐만 아니라 상담업무를 직간접적으로 지원하는 유관 부서와의 유기적인 지원체계라고 할 수 있습니다. 문제 해결을 위한 의사결정 및 피드백이 신속하게 이루어져야만 상담직원의 업무 피로도를 줄일 수 있기 때문입니다. 또한 블랙컨슈머의 콜이 인입되었을 때 전담부서로의 이관이나 이를 전담하는 관리자가 해당 업무를 수행함으로써 고통을 줄여 업무 몰입도가 향상될 수 있습니다.

마지막으로 직원경험과 관련한 데이터를 충분히 확보하고 축적하는 것입니다. 단순히 기존 관리자들의 경험이나 감(感), 믿음, 관행으로 고객센터 이슈와 문제를 해결하려는 것은 아무런 힘을 발휘하지 못합니다. 아시다시피 어떤 문제가 발생했을 때 이를 개선하기 위해서는 무엇보다 데이터가 중요한 역할을 합니다. 특히 고객센터의 경우 엄청난 양의 데이터 분석을 통해 콜을 예측하거나 적정 인원을 산정하기도 하고 불필요한 콜을 줄이기도 합니다. 여기서 데이터란 정확하고 유의미한 데이터를 의미하며 운영 데이터(Operational data)와 경험 데이터(Experience data)로 구분할 수 있습니다.

운영 데이터는 고객센터를 운영하면서 나오는 데이터로 콜량이나 응답콜 수, 평균후처리 시간(ACW), 평균통화시간(ATT), 상담품질 평가점수나 평균 이직률, 직원에 대한 평가 및 보상 관련한 데이터를 말합니다. 반면 경험 데이터는 직원의 업무 만족도나 몰입도, 입사 또는 퇴사, 현업에서 근무할 때 느끼게 되는 다양한 경험이나 느낌 또는 생각을 포함한 데이터라고 할 수 있습니다. 보통 경험 데이터는 설문조사나 인터뷰 또는 기술을 활용한 로그분석 및 관찰 등 상담직원의 경험 등을 통해 확보할 수 있습니다.

이렇게 확보된 데이터를 결합하여 다양한 직원들의 특성을 유형화할 수 있고 세부 유형별 맞춤형 해결책을 제시할 수 있습니다. 결합된 데이터 분석을 통해 고충이나 이슈를 예측할 수 있고 구체적으로 개선하기 위한 계획 수립은 물론 정략적인 지표로 활용할 수 있습니다.

07

상담품질 측면에서
고객경험관리의 중요성

코로나 이후 비대면 채널의 확산 비중이 갈수록 커지면서 고객센터의 역할이 더욱 중요해졌습니다. 비대면 채널은 인터넷이나 모바일 등을 통해서 가입 및 상담, 서비스 관련 문의 및 해결 등 모든 서비스가 이루어지는 것을 의미하며 인공지능 기술과 빅데이터, 챗봇, RPS와 같은 디지털 기술의 등장으로 비대면 채널의 비중은 갈수록 커지고 있는 상황입니다. 이렇게 비대면 채널의 비중이 커질수록 고객센터의 중요성도 덩달아 커질 수밖에 없습니다.

초창기 고객센터가 단순히 친절함을 무기로 고객의 단순 문의나 민원을 해결해 주는 역할을 수행하였다면, 지금은 고객경험관리에 있어 핵심적인 역할을 수행하는 과정에서 고객에게 전달하는 업무 지식은 물론 고객센터 직원의 태도 또한 과거의 그것과는 많은 차별화가 이뤄져야 합니다. 게다가 고객의 요구가 갈수록 까다로워지고 4차 산업혁명과 코로나 이후 언택트, MZ세대의 등장, 다양한 고객채널의 발전과 기존과는 다른 기업 간 경쟁으로 인해 하루가 다르게 변화하고 있는 상황에서 단순히 상담직원의 태도만을 가지고 고객의 욕구를 충족시키기란 어렵습니다.

결국 상담직원 개개인의 역량이 고객센터의 서비스 품질을 좌우하는 것은 물론 기업의 경영전략 차원에서도 아주 중요한 요소가 되어가고 있습니다. 대부분 고객과의 응대를 주 업무로 하는 고객센터에서는 상담직원의 역량이나 태도가 곧바로 고객의 경험과 연결되기 때문에 세심한 주의와 관리가 요구됩니다. 특히 언택트가 일상화된 시점에서 고객센터의 상담품질은 더 중요해질 수밖에 없습니다. 흔히 고객센터 상담품질이라는 것은 고객응대 시 최소한 지켜야 할 가이드라인으로, 이를 통해 고객이 일관된 경험을 할 수 있도록 해 줍니다.

그렇다면 고객이 서비스 경험 측면에서 어떠한 요소에 반응을 보이는지를 알아볼 필요가 있습니다. 즉, 어떤 서비스 경험을 훌륭하다고 생각하고 어떤 서비스 경험에 대해서 불만족스러워하는지를 파악하는 것이 향후 상담품질관리 측면에서도 도움이 된다는 것입니다.

먼저 고객이나 고객센터 상담직원 또는 일선 영업부서 관리자나 고객경험관리자, 고객서비스 경험 측면에서 가장 중요하다고 생각하는 것은 무엇일까요? 최근 전 세계 기업고객지원 웹 솔루션 제공 업체인 젠데스크에서 발표한 자료[1]를 보면 고객들이 생각하는 고객서비스 경

---

1   2020년 젠데스크(Zendesk)가 전 세계 주요 국가의 고객서비스 상담원 1,000명, 고객경험 관리자 300명, 영업 리더 300명, 고객 3,000명을 대상으로 설문조사와 인터뷰를 실시한 결과임.

험 측면에서 중요한 요소가 무엇인지가 극명하게 드러납니다.

먼저 고객서비스 경험 측면에서 긍정적인 결과를 유발하는 요인들을 살펴보겠습니다. 다음 표와 같이 신속한 문제 해결, 실시간 서비스 이용, 상담직원의 친절한 태도, 원하는 방식으로 서비스를 제공받는 것 순으로 나타난 것을 알 수 있습니다.

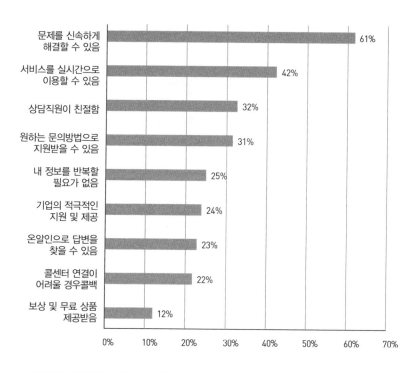

훌륭한 고객서비스 경험에서 가장 중요하다고 생각하는 것에 대한 인터뷰 조사 결과
(2020년. Zendesk)

그렇다면 이와는 반대로 고객서비스 측면에서 불만족스럽다고 느끼는 요인들은 무엇일까요? 다음 표와 같이 오랜 대기시간, 상담직원과의 어려움, 내 정보를 상담할 때마다 반복해야 하는 것, 상담직원의 불친절한 태도 순으로 나타난 것을 알 수 있습니다.

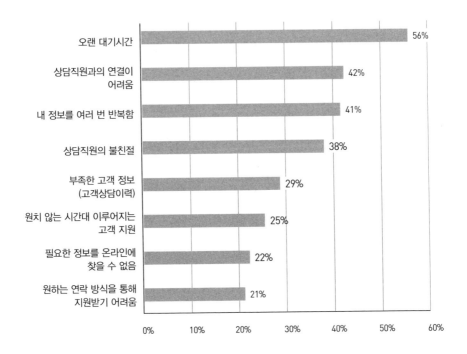

이와 같이 대부분의 고객들은 상담직원들이 기업과의 거래에 있어 지대한 영향을 미친다고 응답하고 있습니다. 결국 기업의 수익은 물론 브랜드 이미지에도 직간접적인 영향을 미치는 것이 바로 고객센터 상담직원과의 통화라는 사실을 쉽게 유추해 낼 수 있습니다. 따라서 기업에서는 상담직원과의 통화가 단순히 고객과 상담직원 개인 간의 통화가 아니라 기업을 대표하는 사람과의 통화라는 사실을 인식할 필요가 있습니다.

우리가 보통 상담직원을 CSR(Customer Satisfaction Representative)이

라고 하는데, 단순히 고객만족대표를 넘어 회사의 가치나 수익, 기업 이미지, 브랜드, 상품을 전달해 내는 기업의 대표라는 사실을 잊지 말아야 합니다. 이렇게 고객센터가 고객과의 관계를 고려할 때 갈수록 그 역할이 중요해짐에 따라 고객센터에서 고객과의 응대를 진행하고 있는 상담직원들의 역할도 중요해지고 있습니다. 고객관점에서 볼 때 서비스 품질은 서비스 경험에 대한 평가나 회사와 고객 간 상호작용하는 시점에 발생하는데, 위에서도 언급한 바와 같이 고객의 인식은 바로 상담직원의 태도와 행동에 많은 영향을 받기 때문입니다.

따라서 접점에서 기업의 얼굴이자 대표인 상담직원들이 서비스 품질과 고객만족에 대한 책임감을 효과적으로 수행하기 위해서는 서비스의 표준화 및 이를 평가하고 피드백을 줄 수 있는 체계가 마련되어야 합니다. 서비스 품질이나 고객만족에 대한 책임감은 고객 관점에서 보았을 때 신속한 서비스 제공 및 문제 해결, 정확한 업무 처리, 친근하고 정중한 대우, 전문성, 자신의 말에 대한 경청 등을 업무에 반영하는 것인데, 이는 업무에 대한 프로세스를 표준화시키고 지속적으로 모니터링함으로써 가능해집니다.

CHAPTER 2

고객센터 상담품질관리
실무

01

고객센터 상담품질평가 관리의 문제점

몇 차례 언급하였다시피 고객센터에서 상담품질관리의 중요성은 아무리 강조해도 지나치지 않습니다. 그렇지만 현장에서 컨설팅을 진행하다 보면 상담품질의 중요성과는 거리가 먼 이슈들이 지속적으로 발생하는 것을 볼 수 있습니다. 여전히 상담품질 개선 및 보완을 위한 평가가 아닌 평가를 위한 평가가 지속되고 있는 것이 대표적이라고 할 수 있습니다. 이는 고객센터의 고질적인 문제였는데, 아직까지 현장에서는 이러한 구태가 여전히 발생하고 있는 실정입니다. 중요한 것은 상담품질 점수 그 자체가 아니라 낮은 상담품질 점수를 받은 사람의 문제점을 개선하고 보완하는 것인데 말이죠.

상담직원과 통화했던 고객 입장에서 모니터링 평가 결과 80점 맞은 상담직원과 97점 맞은 상담직원을 차이점을 구분할 수 있을까요? 아니면 85.5점과 86점을 맞은 직원들의 차이점은 무엇인지 알 수 있을까요? 고객 입장에서는 높은 점수를 받은 상담직원보다는 자신이 원하는 문제를 신속하게 해결해 주는 상담직원이 최고라고 생각할 텐데, 여전히 고객센터에서는 점수 위주의 평가에만 골몰하고 있다는 것이 문제점입니다. 모니터링 평가를 통해 상담품질을 개선할 수 있는 요소를 발굴하고 이를 개선시키기 위한 근거자료로 활용하는 것이 중요함에도 불구하고 아직까지 평가를 위한 도구로만 활용하고 있는 것이지요.

그렇다면 국내 고객센터의 상담품질평가와 관련하여 고질적인 문제로 제기되는 이슈들에는 어떤 것이 있을까요? 필자가 40여 개의 국내 고객센터 운영진단 컨설팅을 수행하면서 느꼈던 점은 아직까지도 여전히 2000년대 초반의 상담품질관리 수준을 답습하고 있다는 사실입니다. 고객의 경험관리가 중요하다고 하면서 아직까지도 직원들의 일방적인 희생을 강요하는 평가표를 가지고 평가가 이루어지고 있다는 사실이 이를 반증합니다. 과거보다 평가항목이 줄었다고는 하지만 여전히 평가항목이 많고 평가의 유연성이 떨어지는 것은 우수 고객센터라고 예외가 아니었습니다.

모니터링 평가 시 음성연출 항목 예시

항목	음성연출
플러스 (만족) 응대	• 미소 있는 음성으로 상냥하게 음성연출을 하였는가? • 고객 상황을 배려하고 미소 띤 음성으로 친근감 있는 상담을 진행하려고 노력하였는가? • 미소 있는 음성으로 고객의 감정과 상황에 따른 진심어른 음성연출을 하였는가? • 상담 전반에 미소가 있고 억양에 고저에 있어 생동감이 느껴지는 응대를 하고 있는가?

마이너스 (불만족) 응대	· 음성연출(미소, 생동감)을 부분적으로 진행할 경우 · 부드럽기는 하나 일상적인 음성으로 응대 시 · 퉁명, 짜증, 무시, 가르치는, 거만한 음성인 경우 · 회유 실패 시 음성이나 억양이 변하는 경우 · 불쾌감 또는 오해를 불러 일으키는 경우 · 사족어, 은어, 비속어, 비전문적인 표현, 정중하지 못한 표현 · 가르치는 듯한 표현, 고객을 무시하는 듯한 말투

이와 함께 고객센터 초창기부터 있어 왔던 모니터링 평가표의 주관적인 음성연출은 30년이 지난 지금까지도 평가를 하는 데 유효하고, 여전히 이러한 평가항목으로 인해서 상담직원과 평가QA 사이에서는 공정하고 객관적인 평가요소냐에 대한 논쟁이 끊이질 않고 있습니다. 위 음성연출 평가항목 예시는 올해 필자가 고객센터 운영진단 컨설팅에서 직접 확인한 것입니다. 아직까지도 이러한 평가항목으로 상담직원들을 평가하고 이를 통해 상담품질을 향상시키려는 노력을 하고 있다는 사실이 놀랍기도 합니다.

평가항목을 보면 과거에 비해 좀 더 세밀해지고 항목이 늘어났으며 음성연출을 직접적으로 표현하지 않고 CS 스킬이라는 영역을 만들어 평가를 지속하고 있음을 알 수 있습니다. 혹시 이 글을 읽고 있는 독자분들의 고객센터에서도 이러한 평가항목으로 상담직원의 상담품질을 평가하고 계신가요? 변별력도 없고 모호한 상담품질평가항목으로 고객센터 운영 및 상담품질평가의 본질을 무시한 채 소모적이고 비생산적인 활동에 몰입하는 행위는 그만두어야 합니다.

위 이슈들 말고도 고객센터 상담품질관리와 관련하여 몇 가지 문제점이 여전히 존재합니다. 고객센터를 운영하려면 조직의 비전이나 목표가 있어야 함에도 불구하고, 단순히 고객센터 운영관리지표만을 달성하는 것에 의미를 두는 경우가 많습니다. 당연히 향후 고객센터가 가야 하는 목표나 지향점이 부재하고 단순히 정량적인 운영관리지표만을 달성하는 데 고객센터의 역량이나 자원을 집중하는 경우가 많습니다. 이러한 상황에 상담품질과 관련된 전략이나 목표가 제대로 존재할 리 만무합니다.

그렇다 보니 회사의 비전이나 목표가 반영되는 모니터링 평가항목이 녹아들지 않고 여기저기서 구한 평가항목으로 짜깁기한 평가를 토대로 무조건 점수 올리기에 열을 올리는 경우가 많습니다. 결국 모니터링 평가의 본질이나 상담품질 목표와는 거리가 멀거나 상관없는 너무 많은 평가항목들이 넘쳐납니다. 고객경험관리가 중요하다면서 평가항목은 여전히 친절만을 강요하는 항목들로 넘쳐나고 굳이 평가하지 않아도 되는 항목들이 자리를 차지하고 있는 경우가 많습니다.

모니터링의 목표가 평가가 아닌 개선과 보완에 있다는 말은 아무리 강조해도 지나치지 않습니다. 앞으로 고객센터는 단순히 지식과 정보를 제공하는 것이 아니라 고객의 불편한 사항을 파악하고 필요한 조치를 해결할 수 있는 문제 해결 능력에 초점을 맞춰야 합니다. 이를 위해 고객과의 공감 능력을 향상시킬 수 있도록 역량을 강화하는 활동이 이루어져야 하고, 이와 관련한 지표를 개발하여 모니터링 평가에 녹여 내야 합니다. 디지털 시대 고객응대 시 호응과 공감이 중요한 요소라는 것은 알지만 단순히 단어와 표현 중심의 평가가 아닌 고객의 상황에 맞는 진정성 있고 차원 높은 공감을 어떻게 구현하고 현장에서 녹여 낼 것인가에 대한 고민이 병행되어야 합니다.

따라서 상담직원의 모니터링 평가는 공감에 필요한 단어를 사용했다고 점수를 주는 지엽적인 것이 아닌 전체적인 상황을 고려한 가운데 사고하고 진정성을 근거로 해서 상담이 이루어졌는지 여부를 판단하여 이루어져야 합니다. 말로는 상담직원의 공감능력을 향상시켜 제대로 된 상담이 이루어지게 해야 한다고 하지만, 실제 현장에서 벌어지는 일들은 단순히 상황에 따라 표현을 달리한 호응어를 제시하고 이를 수행하는지 여부를 평가하는 선에서 그치는 경우가 많습니다. 또한 호응에 대한 가이드라인이 명확하지 않다 보니 상담직원 입장에서는 고객의 상황이나 응대 과정에서의 맥락과는 전혀 무관한 호응어를 남발하는 경우가 많습니다. 또 다양한 유형의 호응어 표현이 있음에도 불구하고 기계적으로 동일한 표현만 사용하는 경우도 있습니다.

고객센터 상담품질관리자인 QA(Quality Assurance)에 대한 역량 및 자질 문제도 들 수 있습니다. 대부분 고객센터의 경우 내부 절차에 입각하여 선발하는 경우가 많지만 이러한 절차나 과정 없이 근속년수가 좀 되거나 성적인 우수한 직원을 여과 없이 선발하는 경우가 있습니다. 그런데 문제는 이렇게 선발을 해 놓고 이들의 역량을 향상시키기 위한 제대로 된 교육이나 훈련 없이 투입되는 경우가 많다는 것입니다.

그렇다 보니 상담품질관리는 물론 제대로 된 평가나 코칭이 이루어질 리 만무합니다. 그러한 과정을 거쳐 선발된 QA는 자신이 과거에 했던 방식대로 응대하지 않으면 점수를 깎기도 하고, 고객센터 전체의 문제점이나 개선을 위해 필요한 콜을 추출하기보다는 평가하기 수

월한 콜만 임의대로 추출해서 평가할 가능성이 높습니다.

또한 이렇게 선발한 QA는 상담품질의 본질을 이해하고 현상을 분석하고 개선 및 보완을 위한 활동을 하기보다는 단순히 평가 기능에 특화된 QC(Quality Control) 역할을 수행할 가능성이 높습니다. 따라서 QA에 대한 선발 절차는 물론 업무 수행에 필요한 교육이나 훈련이 병행되어야 합니다.

이외에도 상담품질을 평가하기 위한 대상콜이 너무 적어 상담직원에 대한 객관적인 평가가 어렵다는 점이나 상황을 고려하지 않는 감점 위주의 평가방식이라는 점 그리고 무엇보다 고객센터 상담품질관리 전략의 부재 등 다양한 문제점이 있습니다.

02

고객센터 상담품질을 바로잡기 위해
개선해야 할 것들

앞에서 고객센터 상담품질평가 및 관리의 문제점을 살펴보았습니다. 여러 문제점이 있지만 그럼에도 불구하고 고객경험을 체계적으로 관리하고 고객의 요구와 기대치에 부응하기 위해서는 기존의 상담품질 활동을 개선해야 합니다. 그렇다면 위에서 언급한 문제점을 개선하기 위해서는 무엇을 해야 할까요?

먼저 고객센터의 상담품질 전략을 수립하는 것입니다. 이는 기업의 비전이나 미션을 설정하는 것만큼 중요한데, 고객센터 운영목표나 비전과 방향을 같이합니다. 고객센터가 지향하는 목표는 무엇이고 고객에게 무엇을 전달해야 하는지 그리고 어떠한 방식으로 서비스를 전달할 것인지에 대한 것들이 전략에 녹아들어 있어야 합니다. 예를 들어 전략에 고객에게 제공하고자 하는 서비스 아이덴티티가 확보된 상태에서 체계적인 서비스가 제공되면 상담품질이 일관되고 체계적으로 유지될 수 있지요.

결국 전략이라는 것은 고객센터의 여러 가지 자원을 효율적으로 사용하여 고객센터의 비전이나 목표를 달성하기 위한 지도와 같은 역할을 합니다. 예를 들어 지속적으로 프로세스를 개선하거나 상담품질 관련 핵심성과지표(KPI)를 고객경험관리와 연계한다거나 구체적이고 실현 가능한 목표 설정은 물론 QA 및 상담직원의 역량을 강화하거나 상담품질을 효율적으로 관리할 수 있는 시스템을 구현하는 것이 상담품질을 향상시킬 수 있는 전략이라고 할 수 있습니다.

다음으로는 평가를 위한 평가가 아닌 개선 및 보완을 위한 평가가 이루어져야 한다는 점입니다. 고객센터에서 모니터링 평가는 잘못된 점을 보완하거나 개선하기 위해서 이루어져야 합니다. 하지만 국내 고객센터에서 이루어지는 평가는 개선이나 보완보다는 상담직원의 성과평가 또는 인센티브를 지급하기 위한 '줄 세우기'에 좀 더 초점을 맞추고 있는 실정입니다.

상담직원 입장에서 고객을 응대하는 과정에서 자주 누락하거나 실수하는 항목을 제대로 체크하고, 이러한 결과가 발생하게 된 원인이 무엇인지를 찾아내서 제대로 된 응대가 이루어질 수 있도록 하는 것이 모니터링 평가의 본질이라고 할 수 있습니다. 아무리 상담품질 개선을 위해 프로세스를 점검하고 진단 및 분석은 물론 피드백을 해 주어도 이러한 본질을 벗어나서는 제대로 된 개선과 보완이 이루어질 수 없습니다.

평가는 말 그대로 평가이며 최종 목표가 아닌 도구라는 생각을 가져야 합니다. 평가를 통해 위에서 언급한 상담품질 전략, 더 나아가서는 고객센터의 비전이나 미션은 물론 고객만족과 연결된다는 사실을 정확히 이해해야 합니다. 이를 위해서는 단순히 평가에 초점을 맞추기보다는 스킬·지식·태도 등 상담직원의 역량에 대한 개선 및 보완에 초점을 맞추어 평가가 이루어져야 상담품질이 개선될 수 있습니다.

또한 모니터링 평가는 주관이 철저히 배제된 객관적인 평가로 이루어져야 합니다. 따라서 주관적인 평가 항목을 최소화하거나 배제하고 객관적인 평가 항목 위주의 평가를 진행하는 것이 바람직합니다. 상담직원의 불만 중 가장 큰 것이 바로 음성연출이라는 사실을 알고 계신가요? 위에서 예시로 음성연출과 연관된 플러스 응대와 마이너스 응대를 살펴보았듯 객관적인 평가가 어려운 것들이 많습니다. 평가자의 판단 기준이나 자신이 응대해 온 경험들이 서로 다르기 때문에 주관성을 배제하고 객관적인 평가를 하기란 생각보다 쉽지 않습니다. 또한 인원이 많은 곳일수록 평가자의 역량이나 성향에 따라 갭이 발생하기도 합니다. 이러한 갭이 센터에서 반복되다 보면 상담직원 입장에서는 당연히 평가의 객관성에 의구심을 품는 것이 당연시되고 상담품질의 근본 목적이 왜곡되기도 합니다.

따라서 QA의 평가역량을 향상시키기 위한 훈련이나 내부 활동이 필요합니다. 대표적으로 합동평가회의를 통해 평가의 객관성을 확보하는 것이 중요합니다. 동일한 콜을 가지고 평가자들이 평가를 통해 갭이 발생하는 이유를 파악하고 분석하여 갭을 줄이는 것이죠. 합동평가회의는 일회성 이벤트가 아닌 주기적인 상담품질 개선 활동으로 이어져야 평가에 대한 신뢰성이 확보될 수 있습니다.

이와 함께 외부 전문가의 힘을 빌려 상담품질평가의 트렌드와 함께 객관적인 평가가 이루어질 수 있도록 평가항목에 대한 주기적인 업데이트는 물론, 자사 고객센터가 추구하는 방향으로 평가항목을 맞춤화하는 노력이 병행되어야 합니다. 이때 중요한 것은 고객센터가 추구하는 상담품질의 목표를 달성하기 위해 필요한 객관적인 평가항목에 대해서 상담직원과 평가자 모두가 동의하고 수용할 수 있어야 한다는 점입니다.

이와 함께 위에서도 언급하였지만 평가자의 역량은 물론 전문성을 확보하기 위한 여건을 마련하여야 합니다. 저는 개인적으로 QA담당자는 고객센터 업무지식은 물론 직무역량이 뛰어나야 하며 평가자로서 전문성을 갖추고 있어야 한다고 생각합니다. QA담당자들의 전문성을 확보하기 위해서는 먼저 이들이 제대로 된 전문성이나 스킬을 향상시킬 수 있도록 수행 업무의 부담을 줄여 줘야 합니다. 잡다한 일로 인해 제대로 된 업무를 수행하지 못하는 경우가 많은 경우를 많이 봐 왔기 때문입니다. 면담을 하는 과정에서도 잡무로 인한 고충으로 인해 '상담직원처럼 차라리 콜 응대하는 것이 차라리 낫다.'는 자조 섞인 말을 듣다 보면 이들의 고충이 십분 이해됩니다. 또한 통화품질을 책임지는 QA담당자가 전문적인 교육을 받을 수 있도록 배려하고 정기적인 합동평가회의 회의는 물론 코칭 리허설과 같은 역량을 향상시킬 수 있는 내·외부 교육이나 체계적인 활동이 뒷받침되어야 합니다.

이외에도 상담품질을 향상시킬 수 있는 시스템이나 프로세스를 제대로 갖추는 것입니다. 많은 상담직원의 콜을 QA가 수작업으로 모니터링하는 것보다 단편적이거나 정량적인 평가가 요구되는 평가(첫인사, 끝인사, 플러스 원 시행여부, 리스크가 있는 단어 사용, 다빈도 키워드 사용 여부 등)의 경우 STT(Speech To Text)[1]를 활용함에 따라 대화 내용에 대한 기능적인 평가와 분석을 하고 QA는 핵심적인 평가에만 집중할 수 있도록 하는 것입니다. 예를 들어 문제 해결 능력이나 공감 및 경청, 호응 등 고객과의 감성 터치 여부를 통해 상담품질은 물론 긍정적인 고객경험을 제공하였는지 여부를 평가하고 피드백하는 것이죠.

이 밖에도 상담품질평가를 하는 과정에서 나온 결과를 근거로 개선 및 보완해야 하는 사항은 무엇인지를 파악하는 것이 필요합니다. 예를 들어 모니터링 평가의 투명성을 확보하거나 고객과의 평균통화시간을 줄이는 것, 긍정적인 고객경험을 제공할 수 있는 항목을 발굴하는 것도 이와 같은 활동의 범주에 포함됩니다.

---

1   음성을 인식해서 텍스트 데이터로 변환하는 음성인식 기술로 실시간 상담 모니터링 및 분석을 통해 다양한 데이터를 제공한다.

03

고객센터 고객상담품질관리
프로세스

고객센터 상담품질관리는 균일한 상담품질을 유지하는 것은 물론이고 고객과의 상호 작용을 통해 긍정적인 고객경험을 제공하는 데 핵심이 되는 활동이라고 할 수 있습니다. 고객상담품질이라는 것은 고객이 원하는 바를 처리·해결하기 위해 상담직원과 고객과의 전화를 통해 이루어지는 모든 내용을 모니터링하여 고객만족이나 긍정적인 고객경험 요소를 발굴해 내고 이를 체계적으로 개선·보완하는 일련의 활동이라고 정의할 수 있습니다.

고객센터 전체 상담품질관리 프로세스는 다음 표와 같이 Plan-Do-Check-Action의 과정을 거쳐 이루어집니다. 단계는 4단계이지만 이를 세분화하면 7개의 절차로 진행되며 업종이나 수행하는 업무 또는 고객센터 형태에 따라 내용이나 구성상에 약간 차이가 있을 수 있지만 상담품질관리 프로세스는 대체로 다음과 같은 절차로 이루어집니다.

고객센터 상담품질관리 프로세스

단계	프로세스	주요내용	비고
Plan	목표설정	• 고객센터 상담품질 운영목표 설정(센터 MBO와 연계) • 자사 상황에 맞는 정량·정성적 목표 수립 (고객경험관리 차원 연계) • 센터장은 물론 운영팀장, QA 사전 협의 진행 • 상담품질 향상과 관련한 관리자들의 목표 설정 및 합의	• 기존 평가 기준의 적절성 여부 고려 • 목표 설정 및 합의 시 운영합의서 작성 • 목표에 따른 평가 비중은 사전 조율
	모니터링 계획 수립	• 모니터링의 목적 및 목표 설정 → 모니터링 계획서 작성 • 상담품질 관련 주요평가항목(QPI)선정 및 평가기준안 제시 • 기본능력 / 경청 및 표현능력 / 상담 스킬 / 문제해결능력 등 • 평가 지침 및 평가표 준비 (항목별 가중치 반영) • 타사 평가기준안 및 상담품질 관련 트렌드 벤치마킹 (세미나, 컨퍼런스 외) • 평가 기준 및 배정 세분화 (자사 상담품질 목표 및 방향성 연계) • 시행시기 및 대상자 / 모니터링 인정 횟수 / 샘플 추출 기준 및 방법 • 모니터링 평가 시 주의하여야 할 사항과 평가 관련 가이드라인	• 평가기준이 마련 시 비효율적이고 상황에 맞지 않는 항목 평가 비중 낮추거나 삭제 • 긍정적인 고객경험 유무 요인을 발굴하여 평가 기준안 및 평가표에 반영 • 센터 규모에 따라 QA 대상 업무분장 필요 • 평가 가이드라인 제시 및 QA 공유
	평가 기준안 공유	• 사전에 설정된 목표 및 평가 기준안 공유 (고객센터 직원) • 평가 항목 세분화 및 항목별 가중치 반영 • 평가유형 / 평가형태 / 평가시기 / 평가를 수 • 모니터링 평가항목에 대한 가이드라인 외	• 상담품질 향상과 관련한 관리자들의 목표는 물론 도출된 평가기준안 공유
Do	모니터링	• 모니터링 계획에 따라 진행 • 평가 가이드 라인 및 주요 평가항목에 대한 모니터링 • 특이사항 기록 후 코칭 및 피드백 진행 시 활용 • 인적 여부, 신입사원, 실적부진 상담직원에 대한 별도 모니터링 진행	• 균질한 상담품질 모니터링을 위해 사전에 귀눔이 회의 진행 (평가 관련 지침) • 모니터링 시 특이사항 메모
See	평가	• 모니터링 계획 시 선정한 평가항목에 따라 평가 진행 • 사전에 계획된 기준치 적용(우수율, 고객전환율, 민원율 등) • 사전에 마련된 평가 가이드라인 준수 • 평가에 따른 이의제기 절차 수행(결과에 대한 편차 및 잘못된 평가 수정 등)	• 평가 가이드라인 예시 • 시행 여부 관련 항목은 ○, X 표시 • X일 경우 구체적인 사유 기술 • 이의제기 수용을 통한 투명성 확보
	피드백	• 평가결과를 바탕으로 피드백 및 코칭 진행 • 개인별 팀별 평가결과 분석 → 통계 결과 시각화 및 피드백 코칭 시 활용 • 상담직원 / 팀별 비교 분석 가능한 세분화된 자료를 통한 입체적인 코칭	• 평가항목별, 상담사 상황에 따른 코칭 필요 • 분석자료 및 코칭 도구 활용 • Matrix 및 Tracking 기법 활용
Check	결과보고 및 마무리	• 모니터링 결과보고서(주간/월간) ▶ 특이사항 위주 • 정량·정성적 평가결과에 따른 표준 오차 확인 후 개선 및 보완점 도출 • 모니터링 항목 중 삭제, 비중확대, 추가 반영 요소 도출 및 적용	• 문제점 및 상담품질 개선안 도출

그렇다면 고객센터 상담품질관리 프로세스의 4 단계에 대해서 자세히 알아보도록 하겠습니다.

먼저 상담품질관리와 관련된 계획을 수립하는 단계(Plan)입니다. 한마디로 상담품질관리 활동 시 필요한 방향성과 목표, 구체적인 방법론을 구성하는 단계라고 생각하면 이해하기 쉽습니다. 이 단계에서는 고객센터 모니터링을 진행하기 위해 필요한 계획들을 구체화하는데, 좀 더 세분화하면 '목표 수립-평가항목 선정-모니터링 방법 수립-모니터링 시행계획'과 같은 절차를 거치게 됩니다.

이 과정에서 가장 중요한 것은 달성 가능한 목표를 수립하는 것이고 목표 수립 시에는 정량·정성적인 목표가 반드시 고객만족도 또는 긍정적인 고객경험을 유발하는 요인들과 연계되어야 한다는 것입니다. 그 이유는 너무도 당연하겠지만 핵심성과지표에 고객만족 또는 고객경험과 관련된 지표들이 포함되어 있기 때문이며, 고객만족도나 고객경험 지표와 병행되어 있지 않으면 상담품질은 저하되었는데 고객만족도나 고객경험과 관련된 지표점수는 높게 나오는 웃지 못할 상황이 발생될 수 있기 때문입니다.

상담품질관리와 관련하여 모니터링 계획을 수립하는 데 있어 주의할 점은 평가자들의 주관이나 경험에만 근거하여 일방적으로 수립해서는 안 된다는 점입니다. 따라서 상담품질과 관련하여 직간접적인 영향을 미치는 사람들이 모두 모여 의견을 나누고 구체적인 실행계획에 대해 합의한 내용이 공유되어야 모니터링 활동을 진행하면서 발생할 수 있는 위험(Risk)이나 문제를 최소화할 수 있습니다. 모니터링 계획 수립 시 시행 방법은 물론 시기, 시행 횟수에 관한 가장 기본적인 사항에서부터 평가 기준과 가중치 적용 여부, 대상자, 이벤트 및 프로모션 진행 시기, 시행 방법 등에 대한 세부적인 사항에 이르기까지 전반적인 사항들에 대한 사전적인 점검이 이루어져야 합니다.

이를 통해 결정된 평가 기준안과 모니터링 평가를 할 때 주의하여야 할 사항이나 주요 가이드라인을 공유합니다. 이때 평가 기준안의 경우 평가자뿐 아니라 상담직원들 모두에게 공유되어야 나중에 불필요한 오해가 발생하지 않습니다. 평가 기준안은 주요 평가항목과 항목별 배점 비중은 물론 항목별 가중치를 포함하며, 평가 가이드라인은 모니터링을 할 때 평가가 주의하여야 할 사항들, 예를 들면 '사물존칭 및 틀리기 쉬운 높임말 사용 여부 확인'이나 '금액이나 수치 또는 고유명사의 경우 복명 · 복창을 하는지 여부를 반드시 확인' 또는 상담 유형별 상담직원 처리 규정을 숙지하고 있는지 여부 확인' 등 구체적인 지침을 평가자와 공유해야 평가에 대한 갭을 최소화할 수 있고 균일한 상담품질 모니터링이 이루어질 수 있습니다.

다음으로는 모니터링을 진행하는 단계(Do)입니다. 위에서 설명한 모니터링 계획 수립을 근거로 모니터링을 진행하는데, 이 단계에서는 일반적으로 녹취 시스템에 저장된 녹취한 콜(Call taping)을 대상으로 무작위 추출방식을 통해 특정 시기, 특정 업무, 특정 상담직원의 콜을 모니터링합니다. 모니터링 방식은 다양한데 그중 가장 일반적인 것이 녹취콜(Call taping)과 실시간(Real time) 모니터링입니다. 모니터링 방식은 상담직원의 유형이나 목적, 상황에 따라 자사 고객센터에 알맞은 것을 선택하여 진행하면 됩니다.

예를 들어 상향이나 교차판매가 제대로 이루어지고 있는지 여부를 모니터링한다면 미스터리 콜(Mystery call) 진행을 통해 실시간으로 결과를 확인할 수 있고, 전반적인 풀코칭(Full Coaching)이 필요하다면 녹취된 콜을 검색하여 특정 시기, 특정 상담원에 대한 모니터링 결과를 확인할 수 있습니다. 또한 신입사원들이나 실적 부진 대상자들, 민원 유발자들을 위해서는 MBWA(Monitoring By Walking Around)[1]를 통해 즉각적인 문제 해결은 물론 업무 수행 능력을 점검하거나 커뮤니케이션을 통해 상담직원들의 의욕을 관리할 수 있습니다. 마지막으로 모니터링을 진행하는 과정에서 특이한 사항이나 문제가 될 수 있는 콜이 발생하면 즉시 상담을 멈추게 하고 적절한 조치를 취해야 하며, 모니터링 시 발생한 문제나 특이사항은 일단 기록해 두고 추후 코칭 및 피드백 시 교육자료로 활용할 수 있도록 합니다.

다음은 모니터링 후 평가를 진행하는 단계(Check)입니다. 모니터링 평가는 상담품질관리를 위한 계획 수립 과정에서 수립된 평가 항목 및 비중에 따라 진행합니다. 이때 중요한 것은 사전에 공유된 평가 가이드라인에 따라 진행하되 평가자의 주관이 아닌 가이드라인에 근거하여 평가가 이루어져야 한다는 점입니다. 그래야 나중에 이의 제기가 없고 균일한 평가가 이루어질 수 있습니다.

균일하고 객관적인 평가를 위해서 모니터링 평가 결과를 바탕으로 이의 제기는 물론 평가의 객관성을 논의하는 미팅을 진행하는 것이

---

1   흔히 현장경영(Management By Walking Around)이라는 용어로 사용하는데, 경영자가 의도하는 목표를 위해 직접 현장에 방문하여 자신의 의도가 제대로 이행되고 있는지 여부를 확인하는 방식으로 고객센터에서는 직접 부스를 돌아다니면서 모니터링하는 방식을 MBWA(Monitoring By Walking Around)라고 함.

일반적입니다. 아니면 평가 전에 상담품질과 관련하여 표본 콜을 대상으로 여러 사람들이 모여 의견을 나누고 평가하는 활동을 거쳐야 하는 것이 일반적인데, 이와 같은 활동을 'QA합동평가회의'라고 하며 고객센터 현장에서는 흔히 '귀높이 회의'라고 합니다. 이를 통해 상담품질과 관련하여 당사자들 간에 발생하는 인식의 차를 극복할 수 있습니다.

구체적으로 운영단의 관리자와 평가자(QA)들이 모여 녹취콜을 청취하고 결과에 대한 분석을 진행하면서 상호 간에 발생할 수 있는 평가에 대한 갭(Gap)을 최소화하고 평가를 진행할 때 편파성을 배제함은 물론, 평가의 객관성을 유지하고 편파적일 수 있는 활동을 적절히 견제하는 목적으로도 회의를 진행합니다. QA합동평가회의가 제대로 기능하려면 모니터링 계획 단계에서 평가에 대한 판단기준과 이견이 발생했을 때의 조정에 대한 기준 등이 명확해야만 평가에 대한 단편적이고 소모적인 논쟁을 줄일 수 있음을 명심해야 합니다.

마지막으로 평가 결과를 근거로 개선을 위해 피드백하고 마무리하는 단계(Action)입니다. 모니터링 평가가 이루어진 후 진행되는 것이 바로 개선을 위한 피드백과 코칭입니다. 이 단계에서는 평가 결과를 해당 파트리더나 상담직원들에게 통보하고 이에 대한 피드백과 코칭을 진행하는 것이 일반적입니다. 피드백과 코칭을 진행할 때 코칭 이력관리카드를 활용하면 좋은 효과를 거둘 수 있는데, 사실 코칭 이력관리카드는 상담직원이 받았던 피드백에 관한 기록물이나 마찬가지라고 할 수 있습니다.

코칭을 해 주는 사람 입장에서는 해당 상담직원의 과거이력을 참고

해서 코칭을 진행하면 효과가 배가될 수 있고, 진척도나 업무 숙련도의 추이를 일목요연하게 볼 수 있다는 장점이 있습니다. 또한 해당 상담직원의 경우, 과거 자신이 실수했던 부분이나 문제가 있었던 부분을 확인할 수 있어 통화품질을 향상시키거나 유지하는 데 도움을 줄수 있는 것이죠. 이를 통해 해당 상담직원에 대한 개선이나 보완해야할 사항들을 체계적으로 관리할 수 있습니다. 피드백을 진행할 때는 상담직원 또는 팀별로 비교 분석이 가능한 세분화된 자료를 시각화해서 입체적인 코칭이 가능합니다.

피드백 및 코칭을 마치고 나면 지금까지 진행되었던 상담품질과 관련한 모든 과정 토대로 결과보고는 물론 상담품질관리 과정에 대한 마무리를 진행합니다. 결과보고는 정량·정성적인 평가항목에 따른 표준 오차 확인 후 개선 및 보완점을 도출하고 모니터링 평가 항목 중 삭제 또는 비중 축소, 확대, 추가 반영 요소를 도출하여 이를 상담품질관리에 반영합니다. 보통 상담품질 결과보고서는 월 단위로 이루어지는 것이 일반적이며, 당월 상담품질 활동 결과 및 향후 예정 계획을 반영하며 특이사항이나 제안사항 및 시사점 등을 핵심 위주로 간단명료하게 정리하여 공유 및 보고합니다. 상담품질 보고서에 대한 내용은 이후에 별도로 다루도록 하겠습니다.

상담품질보고는 월 단위로 이루어지는 고객센터 운영회의와 같이 진행되는 것이 일반적인데, 상담품질보고 내용을 토대로 상담품질관리 개선안을 도출하고 이를 운영 및 관리에 반영하는 등의 활동을 통해 선순환 구조를 만듭니다. 고객센터 운영회의와는 별도로 합동 모니터링 회의나 상담품질 개선 회의를 개최하기도 하는데, 상담품질과

관련한 이슈 발생 시 관련 담당자들이 모여 상담품질관리 관련 이슈
파악 및 해결하는 활동을 통해서 상담품질관리의 일관성을 유지하기
도 합니다.

04

고객센터 모니터링 평가항목은
어떻게 구성해야 하나?

이번 장에서는 모니터링 평가항목에 대해서 자세히 알아보도록 하겠습니다. 고객센터에서 상담품질을 관리하는 데 있어 가장 핵심이 되는 활동은 QA모니터링이라고 할 수 있으며, 모니터링을 하기 위해서는 먼저 평가항목을 마련해야 합니다. 이때 고객센터 운영목표에 부합하는 평가지표 마련이 선행되어야 하며, 단순히 평가만이 아닌 고객만족은 물론 긍정적인 고객경험을 제공하기 위한 직원의 스킬을 향상시키는 관점에서 마련되어야 합니다. 상담품질평가항목은 고객센터의 업무적인 특성을 고려한 핵심 평가항목을 설정한 뒤, 이에 대한 각각의 비중을 정하여 조직 성과와 연동시킴으로써 고객센터 상담품질관리를 체계적으로 수행할 수 있습니다.

먼저 모니터링 평가항목은 고객채널 또는 기업의 상담품질 수준을 가늠할 수 있는 잣대이므로 고정적인 것이 아니라 상황이나 환경의 변화에 따라 변경이 가능해야 합니다. 상품이나 서비스가 변경되었을 때는 물론 고객센터의 목표나 전략이 변경되었을 때 이와 연동하여 평가항목도 수정 및 변경되어야 한다는 의미입니다. 또한 모니터링 목적에 부합하는 핵심항목을 마련하고 이를 평가함으로써 고객센터의 자원을 효율적으로 활용할 수 있으며, 업무 효율성 확보는 물론 고객센터에서 설정한 목표나 비전을 달성할 수 있습니다. 이를 위해 고객센터에서 수행해야 할 업무가 무엇인지를 생각해 보고 가장 핵심이 되는 평가항목을 선정하여 모니터링 평가 시 반영함으로써 위에서 언급한 목표를 달성할 수 있는 것입니다.

모니터링 평가표는 크게 인바운드(IN BOUND)와 아웃바운드(OUT BOUND)로 구분되고, 이러한 유형의 구분에 따라 상담업무의 특징을 고려하여 평가항목을 구성합니다. 중요한 것은 인바운드나 아웃바운드나 모두 업무적 특성을 고려한 핵심 평가항목을 설정해야 하며, 이러한 핵심 평가항목에 대한 각각의 비중을 정하여 성과와 연동시킴으로써 고객센터 상담품질을 관리할 수 있다는 점입니다. 이와 함께 직원의 역량에 따라 또는 고객의 기대수준 및 요구 정도가 까다로워진다거나 고객센터의 비전이나 전략 또는 목표에 따라 모니터링 평가항목의 구성은 변할 수 있다는 점을 꼭 기억하시기 바랍니다.

일반적으로 고객센터마다 다르기는 하지만 고객이 고객센터에 접촉하는 이유는 크게 필요한 지식이나 정보를 제공받기 위함이고 추가적으로 문제를 해결하기 위해서라고 한다면, 평가항목에 반드시 반영해야 하는 것은 '지식이나 정보 제공 능력'과 '문제 해결 능력'이라고 할 수 있습니다. 그 밖에 고객센터의 목적에 부합하도록 필요한 항목을 추가 반영할 수 있는데 예를 들어 '고객체감만족도', 'CS스킬', '응대 태도', '필수 안내사항', '업무 처리 능력' 등이 대표적입니다. 이외에도 가입이나 해지 방어 업무를 수행한다면 해당 업무에 적합한 평가항목을 반영할 수 있는데 예를 들어 '고객 니즈 파악', '가입 유도 능력', '해지 방어 능력', '고객 반론 극복' 등이 대표적이라고 할 수 있습니다.

아래 평가항목은 고객센터에서 가장 일반적으로 활용할 수 있는 평가항목 및 세부평가 기준이므로 이를 참고하여 각 고객센터의 상황에 맞춰 수정 및 보완, 추가하여 활용할 수 있습니다. 위에서 언급하였다시피 인바운드 또는 아웃바운드 업무의 특성에 맞게 평가항목과 세부평가 기준을 설정하면 됩니다. 다음 장에서 설명하겠지만, 평가항목과 세부평가 기준에 따라 비중을 조절하고 배점하면 모니터링 평가표가 되는 것입니다.

모니터링 평가항목의 구성

평가항목	평가내역	세부평가 기준
고객정보 확인	- 고객정보 확인 및 업데이트	- 고객 기본정보 확인 여부 - 고객정보 업데이트 여부
정보 제공 능력	- 고객이 원하는 정보 및 문의에 대한 정확한 정보 제공 여부	- 상품 및 서비스에 대한 정확한 안내 - 업무에 대한 사전 숙지여부(오안내 · 오상담) - 자사 정책과 프로세스에 대한 명확한 이해
업무 처리 능력	- 고객 니즈의 신속한 파악 및 문제 해결 능력 (책임상담/대안제시)	- 필요한 탐색질문 및 문의내용 핵심 파악 - 이관하지 않거나 스스로 문제를 해결하는지 여부 - 고객요구사항에 따른 후행 작업 진행 여부
	- 전산 처리 능력, 시스템 활용도	- 업무에 필요한 전산처리능력(상담이력 정확도) - 상담코드 정확도 외

수익 창출	- 수익 창출 활동 여부	- 고객 가입 및 방문 유도 여부 - 교차 및 상향판매 여부 - 해지 방어 여부 외

체감
만족도
	- 기본 예절 / 정확한 상담
	  여부
	- 공감 및 호응 등 응대 태도
	- 고객을 위한 쉬운 설명
	- 기타
		- 기본적인 응대 태도 및 눈높이 상담 여부 외
		- 친근하고 적절한 응대(동감, 재질문, 맞장구,
		  쿠션어)
		- 적절한 표현, 전문용어, 줄임말 사용 여부 외
		- 플러스 원(Plus one), 요약 및 확인 외

평가항목 및 세부평가 기준을 마련해야 할 때 주의하여야 할 사항에 대해서도 알아보도록 하겠습니다. 먼저 모니터링 평가항목은 많은 것보다 고객센터에서 수행하는 업무 목적에 부합하는 핵심적인 몇 가지 항목을 가지고 평가하는 것이 자원의 낭비를 최소화하면서도 업무의 효율성을 확보할 수 있습니다.

모니터링 평가항목이 많다고 해서 상담품질 수준이 높아지는 것이 절대 아닙니다. 그럼에도 불구하고 국내 고객센터 모니터링 평가항목에는 불필요하고 주관적이며 핵심에서 벗어난 것들이 너무 많습니다. 마치 상담직원을 방송국 아나운서로 키우려는 목적이 있는 것이 아닐까라는 생각이 들 정도로 너무 많은 데다 평가자의 주관이 개입된 평가항목이 주를 이루고 있습니다. 모니터링 평가의 목적은 개선 및 보완에 있는 것이지 평가 그 자체가 아니라는 점을 거듭 말씀드립니다. 고객센터 상담품질 전략이나 목표에 적합한 평가항목을 선정하여 직원의 역량을 향상시키거나 상담품질 수준을 단계적으로 향상시키는 방향으로 전개되어야 한다는 점을 반드시 기억하시기 바랍니다.

다음으로 평가 기준이 명확해야 하며, 평가자의 주관이 개입될 가능성이 높은 항목이나 평가하기 곤란한 항목 또는 평가 결과에 따라 상담직원들이 이의를 제기하기에 충분한 평가항목 및 기준은 피해야 합니다. 평가항목이나 기준은 무엇보다 객관적이어야 하고, 누가 평가하더라도 동일한 범주 안에서 평가점수가 나올 수 있어야 합니다. 평가점수나 내용의 갭이 너무 크다고 한다면 이는 이미 평가로서의 가치나 의미가 없다고 할 수 있습니다.

예를 들어 국내 고객센터의 경우 '음성연출'이라는 평가항목이 있는데, 문제가 가장 많은 평가항목 중 하나라고 할 수 있습니다. 이유는 위에서도 언급한 바와 같이 평가자의 주관이 100% 개입될 가능성이 높기 때문입니다. 이로 인해 고객센터 평가자와 상담직원 간에는 평가에 대한 당위성과 불만 사이에서 끊임없는 논쟁과 반목이 뚜렷한 해결책 없이 지속되고 있습니다.

자주 실수하거나 누락되는 내용이나 주관적인 요소가 개입될 수 있는 항목의 경우 철저히 배제하는 것이 바람직하며, 만일 절대 배제할 수 없다면 정규 배점이나 비중을 주는 것이 아니라 가감점을 주는 방향으로 평가하는 것이 바람직합니다. 주관적인 평가가 개입될 여지가 있는 것은 실시간 모니터링 평가 또는 다양한 유형을 샘플링하여 이를 코칭이나 피드백을 제공할 때 객관적인 자료로 활용하는 편이 상담직원으로부터 신뢰를 확보할 수 있다는 점을 기억하셨으면 합니다. 고객센터 음성연출과 관련된 대안은 뒤에서 별도로 제시하도록 하겠습니다.

마지막으로 콜이 폭주하거나 비상상황이 발생했을 경우 활용해야 할 지침이나 응대 스크립트가 있듯이 모니터링 평가표도 동일하게 해당 상황에 맞는 항목이나 기준이 별도로 마련해야 합니다. 콜의 상황을 고려하지 않고 동일한 잣대로 평가한다면 상담직원 입장에서는 당연히 불만이 발생할 수밖에 없고 이를 수용하기 어렵습니다. 특히 콜이 폭주하는 상황에서 콜 응대하는 것도 정신이 없는데 평상시에 평가를 하는 항목으로 평가한다는 것은 불합리합니다. 비상상황 시 활용하는 스크립트나 지침을 간소화한 것처럼 평가한다면 항목 또한 최소화하거나 상황에 맞는 평가항목을 준비하여 평가를 진행해야 합니다.

고객센터 상담품질 이렇게 관리하라!

05

고객센터 모니터링 평가표
작성 절차

이번 장에서는 평가항목을 포함하여 평가 기준 및 배점까지 반영된 모니터링 평가표를 만들기 전에 고려해야 할 사항들에 대해서 알아보도록 하겠습니다. 고객센터에서 모니터링 평가표를 작성하는 데 있어서 절차를 정리하면 5단계로 이루어집니다.

먼저 고객센터 모니터링 평가표를 작성하는 데 있어 가장 중요한 것은 목표 설정입니다. 이는 단순히 평가자가 뚝딱 만들어 내는 것이 아니라 고객센터 센터장을 비롯한 주요 구성원의 합의가 이루어져야 하는 사안입니다. 목표를 설정하기 위해서는 사전에 업무 유형 및 특성은 물론 고객센터의 전체 운영 현황 및 주요 업무를 수행하는 과정에서 발생하는 이슈는 주로 무엇인가를 파악하는 것이 중요합니다.

이때 파악해야 할 것은 고객센터의 주요 운영목표는 물론 주요 핵심성과지표(KPI)는 무엇이고 콜관련 주요 통계와 함께 콜 모니터링 평가 결과를 통해 객관적으로 현재 고객센터 상담품질 수준은 어느 정

모니터링 평가표 작성 절차

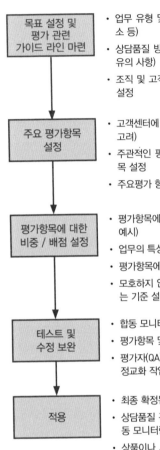

목표 설정 및 평가 관련 가이드 라인 마련
- 업무 유형 및 특성을 고려하여 상담품질 현황 분석(관리포인트, 개선요소 등)
- 상담품질 방향성 설정 및 모니터링 평가 시 가이드 라인 마련(평가 시 유의 사항)
- 조직 및 고객의 기대 충족은 물론 상담직원의 스킬 향상을 고려한 목표 설정

주요 평가항목 설정
- 고객센터에 적합한 평가항목의 설정(업무 유형 및 특성, 고객센터 목표 고려)
- 주관적인 평가항목은 가급적 배제하고 객관적이고 측정 가능한 평가항목 설정
- 주요평가 항목에 대한 세부평가 항목 및 적절한 개수 설정

평가항목에 대한 비중 / 배점 설정
- 평가항목에 대한 비중 및 세부평가항목에 대한 배점 설정(부분 점수별 예시)
- 업무의 특성을 고려하고 업무의 중요도, 난이도를 비중이나 배점에 반영
- 평가항목에 대한 구체적이고 상세한 평가기준 마련(평가 기준 세분화)
- 모호하지 않고 구체적이며 누가 평가를 해도 동일한 평가가 나올 수 있는 기준 설정

테스트 및 수정 보완
- 합동 모니터링 회의를 통해 설정한 모니터링 평가표 검증
- 평가항목 및 배점기준을 토대로 파일럿 테스트 진행
- 평가자(QA) 및 업무 담당자들 간 테스트 결과에 따른 수정 및 보완 진행(정교화 작업)

적용
- 최종 확정된 모니터링 평가항목 적용 및 평가 활용
- 상담품질 관리를 위한 평가적용 후에도 지속적인 점검 및 보완 필요(합동 모니터링 평가)
- 상품이나 서비스 또는 전략 변화에 따라 평가표 수정 및 보완(고객만족 / 긍정적인 고객경험 등)

도인가 하는 것입니다. 이를 통해서 고객센터 상담품질 관련 주요 관리 포인트와 상담품질을 향상시키기 위해 필요한 요소를 파악할 수 있습니다. 그뿐만 아니라 상담품질 목표는 물론 목표 달성을 위해 필요한 상담직원의 역량이나 능력을 도출하고 이를 상담품질관리 활동

에 반영할 수 있습니다.

또한 목표 설정과 함께 모니터링 평가표를 작성할 때는 평가와 관련한 가이드라인을 설정하는 것이 중요합니다. 흔히 지침이라는 것은 평가 시 최종 목적을 달성하기 위해 필요한 구체적인 방법이나 방향을 제시하는 원칙이라고 할 수 있습니다. 이러한 지침은 잘못된 평가를 예방하고 평가자 간 이견이 발생했을 때 이를 해결하는 객관적인 기준이 되기도 합니다.

평가 관련 가이드라인에는 콜당 평가 예상 시간은 물론 평가 기준 및 부분 점수나 감점 기준에 대한 구체적인 기준과 함께 평가 시 유의 사항들을 포함합니다. 부분 점수의 경우도 각 배점별로 평가 요소 및 기준을 마련하여 적용해야 합니다. 이외에도 가이드라인은 콜 추출 기준이나 방법, 평가 예외가 되는 콜, 평가콜 수 등을 포함하기도 합니다.

다음으로 주요 평가항목을 설정하는 단계입니다. 고객센터 상담품질의 목표를 달성하기 위해 평가해야 할 항목들을 설정함과 동시에 평가항목과 연관된 세부평가 항목을 설정합니다. 예를 들어 '업무 처리 능력'이 주요 평가항목이라면 세부평가항목은 '업무 숙지 여부'나 '정확한 안내' 또는 '서비스 코드 입력 정확도', '필수 안내 및 확인' 등이라고 할 수 있습니다.

이렇게 평가항목이 설정되었다면 평가항목에 따른 구체적인 평가 예시를 제시해 주어야 합니다. 다만, 평가항목은 가급적 10개 미만으로 설정하는 것이 자원을 낭비하지 않을 뿐만 아니라 평가자나 상담직원 모두에게 불필요한 논쟁이나 불만 발생을 사전에 예방하는 효과가 있으므로 적절한 조정이 필요하다는 사실을 기억하시기 바랍니다.

평가항목이 설정되었다면 평가항목에 대한 비중 및 배점을 설정하는 단계입니다. 평가 기준 및 비중은 물론 부분별 점수는 상담품질과 관련된 활동의 중요도와 난이도를 고려하여 반영합니다. 평가 기준 및 부분별 점수는 다양한 상황을 고려하여 평가할 수 있도록 구체적이어야 합니다. 만약 평가 기준이나 부분별 점수가 추상적이고 애매모호할 경우 평가자나 상담직원 간 불만요소로 작용할 가능성이 높고 평가에 대한 신뢰를 무너뜨리는 등 심각한 문제를 야기할 수 있기 때문입니다.

따라서 평가 기준과 부분별 점수는 근거와 이유를 구체적으로 제시함으로써 평가자(QA) 입장에서는 누가 평가하더라도 일관된 평가는 물론 갭(Gap)이 발생하지 않도록 하고, 상담직원 입장에서는 평가에 대한 공정성 및 객관적인 기준을 제공함으로써 평가에 대한 신뢰를 확보할 수 있도록 해야 합니다. 평가 과정에서 평가자의 중의적인 표현이나 평가는 물론 자의적인 판단 및 추측이 개입되지 않도록 하는 것이 중요합니다.

평가 기준 및 부분별 점수의 경우, 반드시 예시 표현이나 자세 및 태도가 구체적으로 제시되어야 합니다. 다양한 유형의 콜이 존재하는 만큼 이를 명확히 구분하여 평가할 수 있으려면 구체적인 예시 등이 있어야 누가 평가하더라도 일관성 유지는 물론 혼선이 발생하지 않습니다. 예를 들어 '정확한 안내'라는 항목이 있다면 '서비스 관련 지식, 관련 정책 및 규정, 절차 등을 빠짐없이 안내하고 오상담 및 오안내가 전혀 없는 경우'와 같이 정확한 안내에 대한 구체적인 예시가 제시되어야 한다는 것입니다.

이와 같은 기준과 구체적인 행위를 고객응대 시 이행하거나 충족시켰다면 만점을 부여하고 이러한 평가 기준에 근거하여 부분별 점수를 배점할 수 있게 됩니다. 예를 들면 '잘못된 안내가 이루어졌으나 응대 과정에서 정정 안내로 고객이 정확하게 인지하였을 경우'나 '업무 지식 부족으로 인해 고객에게 오안내가 발생하였을 경우' 또는 '안내사항 중 허위 사실이나 정보를 2회 초과하여 사용한 경우' 등과 같이 구체적인 예시를 제시하고 이에 따라 배점을 달리하는 것입니다.

다음으로 테스트 및 수정·보완 단계입니다. 위에서 평가항목에 대한 비중 및 배점이 완성되면 완성된 평가표를 가지고 검증을 해야 하는데, 주로 파일럿(Pilot) 테스트를 진행합니다. 파일럿 테스트를 통해 평가표의 문제점을 확인하고 수정 및 보완을 거쳐야 하는 것이죠. 파일럿 테스트라고 하더라도 실제와 똑같은 환경에서 진행해야 하며, 각 절차상에 정의해 놓거나 지침으로 정한 내용이 제대로 지켜지고 있는지 여부를 확인하여야 합니다. 이를 통해 평가항목의 합리성과 평가 기준의 신뢰성, 중요도 및 난이도에 따른 배점기준의 타당성은 물론 불필요한 항목은 없는지 여부를 점검하는데, 보통 파일럿 테스트는 합동 모니터링 회의를 통해 설정된 모니터링 평가표를 검증합니다.

또한 파일럿 테스트 결과 평가항목이나 배점기준에 대한 조정을 통해 보다 균형 잡히고 정교한 평가표가 나올 수 있습니다. 이렇게 정교화 작업을 거친 검증된 평가표가 나오면 이후에는 모니터링 평가표 작성 절차상에 고려되었던 사항들이 제대로 기능하는지 여부를 모니터링해야 합니다. 예를 들어 모니터링 평가표가 고객만족과 긍정적인 고객경험을 제공한다는 부분에 초점을 맞춰 설정되었다면, 이러한 취지에 맞게 평가항목과 실제콜을 평가 과정에서 제대로 반영 및 연결되었는지 여부를 재점검하는 것입니다.

위와 같은 과정을 거쳐 최종 확정된 평가표가 나오게 되면 이를 현장에 적용하게 됩니다. 평가표에 대한 평가자와 상담직원들의 충분한 이해가 선행되어야 하며, 무엇보다 평가표를 통해 달성하고자 하는 목표와 목표 달성을 위해 평가표에서 중점으로 평가하는 항목이 공유되어야 합니다.

이렇게 평가표가 공유되고 활용된다고 해서 끝난 것이 아니라 이후에도 상담품질관리를 위한 지속적인 점검 및 보완이 필요한데, 보통 합동 모니터링 평가를 통해서 개선된 평가항목과 부진한 항목을 지속적으로 모니터링합니다. 이러한 과정을 통해 배점 및 비중을 조절하거나 평가항목 중 비중을 축소 또는 확대함은 물론 삭제 및 추가 반영해야 할 요소는 없는지 지속적으로 점검해서 이를 평가표에 반영해야 합니다.

06

적정 모니터링 평가콜 수 산정 시
고려사항

"고객센터 상담품질 모니터링 시 몇 콜이 적당할까?" 또는 "전체 콜 중 몇 %를 모니터링해야 할까?" 많은 분들이 이와 같은 질문을 하곤 합니다. 전문적으로 조사한 적은 없고 다만 예전에 설문조사 결과는 일반적으로 상담품질 평가 시 평균적으로 3콜~5콜 미만에서 이루어지고 있는 것으로 기억하고 있습니다. 어떤 고객센터에서는 단순히 매월 상담직원당 3콜로 모니터링 평가를 하는 경우도 있고 어떤 고객센터의 경우는 10개가 넘는 콜을 대상으로 모니터링 평가를 하기도 합니다.

과거에 일본 고객센터를 방문하였을 때 '가장 우수하다'고 인정받는 다국적 제약회사의 고객센터에서는 모든 콜에 대해서 모니터링 평가를 진행하고 있었습니다. 물론 방문한 고객센터의 경우 인당 CPH가 6.0으로 낮긴 하였지만 모든 콜을 평가한다는 것은 결코 쉬운 일이 아님에도 불구하고 상담품질을 무척이나 중요시하기 때문에 모든 콜에 대해 모니터링평가를 한다는 말을 들었습니다. 모든 콜이라고 하였지만 담당자의 말에 의하면 실제로는 계약과 관련되거나 금전적인 부분이 관련된 건 또는 고객 클레임이 발생할 우려가 있는 건들에 대해서는 100% 전수 모니터링 평가를 하고 일반 문의에 관한 건들에 대해서는 모니터링 비중을 조절한다고 하였습니다.

국내의 경우 위에서도 언급하였다시피 보통은 상담직원당 월 3콜로 평가하는 것이 일반적이라고 하지만 이러한 수치마저도 정해진 기준이 아니며 국내외 어디에도 모니터링 평가콜 수나 비중에 대한 표준을 정해 주는 기관이나 산업표준 따위는 더더욱 없습니다. 몇 콜이 적당한가는 해당 고객센터의 평균통화시간이나 상담직원 규모, 해당 업종의 특성이나 업무의 종류 및 성격 또는 목적성에 따라 달라질 수 있습니다.

예를 들어 콜 자체가 중요한 사안이나 목적성을 가지고 있다면 전체 콜을 대상으로 모니터링은 가능하겠지만 위에서 언급한 일본 고객센터 사례에서 보는 바와 같이 평가까지 전체를 대상으로 한다는 것은 비용뿐만 아니라 업무의 비효율이 발생할 수 있으므로 이러한 방법은 옳지 않다고 생각합니다.

그렇다면 고객센터 상담품질 모니터링 평가 시 가장 적정한 콜 수를 산정하거나 또는 전체 콜 중 모니터링 비중 정도를 정하는 데 있어 가장 중요하게 고려되어야 하는 것은 무엇일까요? 개인적인 생각으로는 모니터링 및 평가를 함으로써 얻을 수 있는 결과가 무엇인지가 가장 중요하게 고려되어야 할 사항이라고 생각합니다. 왜냐하면 해당 결과에 따라 모니터링해야 할 콜 수 또는 비중이 늘어나기도 하고 줄어들기도 하기 때문입니다. 예를 들어 상담직원들에 대한 보상이나 프로모션 및 생산성 평가, 근무시간의 변경 등에 대한 기준을 모니터링 평가점수로 활용한다면 상담직원들에게 아주 중요한 영향을 미칠 수 있으므로 평가주기는 물론 평가 콜 수가 크기 또는 비중이 고려되어야 합니다.

만약 상담직원들에게 대한 생산성 평가를 한다면 모든 상담직원들을 대상으로 모니터링 콜 수를 동일하게 가져가기보다는 지속적으로 상담품질이 저조한 상담직원들에게 대해서는 평가콜 수를 늘리고 지속적으로 뛰어난 서비스를 제공하는 상담직원들에 대해서는 평가를 줄이거나 아예 제외시키는 것도 한 가지 방법인데 이렇게 상담직원들의 능력에 따라서도 콜 평가비중이 달라질 수 있고 나아가 고객센터에서 역량을 가진 상담직원들의 비중에 따라 전체 콜 중 모니터링해야 할 콜의 비중이 달라질 수 있습니다.

이외에도 고객센터 상담품질 모니터링 평가 시 가장 적정한 콜 수를 산정하거나 또는 전체 콜 중 모니터링 비중 정도를 정하는 데 있어 고려되어야 하는 것은 고객센터 모니터링의 목적(상담품질을 향상시키기 위한 코칭 제공)이나 가용할 수 있는 고객센터의 자원들(인원, 시스템 등)이 얼마나 되는지 여부와 모니터링이라는 것이 새롭게 도입된 프로세스인지 또는 상담직원의 숙련도는 물론 고객센터가 정한 목표에 도달하기 위해 필요한 평가항목 등 다양한 요소들이 고려되어야 합니다.

07

적정 모니터링 건수 및
QA 인원 산출하는 법

⌣

    고객센터에서 상담품질을 관리하는 QA는 몇 명이 투입되면 적절할까요? 적정 QA를 산정하는 기준에는 적정 모니터링 건수에 따라 달라집니다. 그러나 QA가 어떤 업무를 수행하느냐에 따라 인원 산출에 영향을 줄 수 있습니다. QA업무를 수행하는 관리자가 분석 및 보고, 모니터링과 함께 개별 코칭하는 시간이 많다면 시간당 목표를 적용해야 하는데 상담직원 적정 모니터링 평가 건수에 대한 비중을 조정하여야 합니다. 모니터링 평가 건수는 고객센터에서 요구하는 상담원당 평가 건수를 근거로 하는데 이때는 합리적인 근거를 바탕으로 설정되어야 하는 것이죠.

    예를 들어 100명의 상담직원이 근무하는 고객센터에서 상담직원당 월 3개의 콜을 평가한다면 월 300콜을 모니터링 평가해야 한다고 가정해 봅시다. 그런데 상담직원의 평균통화시간이 300초(3분 20초)이고 평가 준비하는 시간이 2~5분, 사후업무 예를 들어 평가표 작성,

평가결과 입력 및 평가결과를 팀 리더나 상담직원에게 나눠 주는 시간이 10~15분, 또한 평가에 대한 리뷰를 위해 상담직원과 미팅을 고려하면 15~30분가 소요될 것이며 종합적으로 볼 때 1콜을 평가하는데 걸리는 평균시간은 30~40분 정도일 것입니다. 그렇다면 1일 평균 모니터링 평가건 수는 점심시간을 제외하고 1일 근무시간 480분 가정 시 14~16콜 정도가 가능하다는 계산이 나오는 데 여기에 월평균 근무일 수(20일)를 반영하면 평균 260~320콜 정도를 평가할 수 있습니다.

물론 위에서 산정한 결과가 일반적인 것은 아니라는 사실을 잘 알고 있을 것입니다. 위 산정결과에는 반영되지 않은 요소들이 너무 많기 때문입니다. 보통 콜만 평가한다고 하지만 수시로 콜을 지원하거나 콜 평가와는 무관한 업무들을 참으로 많이 수행하기 때문에 위에서 산정한 결과보다는 더 적은 모니터링 평가콜 수가 나올 것입니다.

다만 콜 목표를 산정할 때는 가능한 변수들을 모두 반영하여 실제적으로 적정한 모니터링 평가 건수는 얼마가 되는지를 설정하여 목표에 반영하여야 한다는 점을 말씀드립니다. 만약 센터의 규모가 커서 보고 준비와 분석만을 담당하는 직원이 있다면 위에서 제시한 요소들과 같이 해당 업무에 맞는 요소들을 찾아내어 이를 평가 건수나 QA산정 기준에 반영하여야 합니다. 예를 들어 규모가 커서 상담품질 평가 및 분석은 물론 보고 업무를 담당하는 QAA(Quality Assurance Analyst, 이하 QAA)와 코칭은 물론 상담품질에 대한 교육 및 훈련을 진행하는 QAD(Quality Assurance Developer, 이하 QAD)의 역할이 명확하게 구분되어 있다면 업무에 대한 비중을 분석해 볼 필요가 있습니다.

QAA 업무비중 분석 사례

업무	근무시간	평가	회의	교육	콜지원	기타업무
QAA	160H	85	18	5	20	32

- 신규 프로세스나 상품, 서비스 출시할 경우 스크립트 작성
- 평가의 경우 보통 신입 직원과 기존 직원을 구분하여 진행하며 대상 모니터링 콜 수가 다름
- 우수콜 샘플링 / 녹취콜 검색 / 눈높이 회의 준비
- 기타 업무 : 반차 / 휴일 / 보고서 작성 / 기타
- 평가 : 월 170콜 / 콜당 평균 35분 소요
- 콜 폭주 시 콜 지원을 하고 있으며 시스템 불안정으로 인해 콜 지원 비중이 높음
- 최근 악성민원 대응 업무 일부가 이관되어 업무에 집중하기 힘듦
- 기타 시간에는 QA와 관련 없는 업무가 많음(간식 배분, 이벤트 준비 및 보조, 민원 응대 외)

QAD 업무비중 분석 사례

업무	근무시간	코칭	회의	교육	콜지원	기타업무
QAD	160H	84	17	40	2	27

- 교육투입은 담당자마다 차이가 있음
- 교육은 신입을 대상으로 이루어지며 기존 직원의 경우 부진자 대상으로 이루어짐
- 부진자 유형 : 생산성 관련 실적 부진자, QA모니터링 부진자, 고객불만 유발자 등
- IN/OUT QAD의 경우 코칭 또는 교육에 대한 투입시간이 차이가 발생하고 있음
- 회의 : 귀높이 회의가 월 1회 진행되며 이외 업무 수행을 위해 필요한 각종 회의 참석
- 기타 업무 : 전산교육,Case 선별, 생산성 관련 데이터 수작업, 업무 지식 시험출제 외
- 콜 지원의 경우 비상상황 발생 시 지원에 대한 비중이 갈수록 확대되고 있음
- 현재는 전산 에러 발생 외 근무시간 중 코칭을 진행하기 어려움
- 신규 프로세스 발생 시 코칭 피드백에 대한 시간이 증가하여 부담이 큰 편임

위 내용은 어떤 고객센터에서 근무하고 있는 QAA와 QAD의 1달간 자신들이 수행한 업무의 비중을 파악한 사례입니다. 일반적으로 이러한 내용들은 인터뷰나 설문조사를 통해 파악하는데 이를 통해 해당

업무를 수행하는 품질관리 활동의 비효율적인 부분은 없는지 분석하고 진단합니다. 예를 들어 QAA와 QAD들이 각각 본인의 업무를 나열한 후 FTE(Full Time Equivalent)[1] 관점에서 월간 혹은 일간 얼마나 사용하고 있는지를 비중 혹은 시간으로 표시하고 이를 종합하여 업무 활동 가치에 따라 업무를 조정하거나 QA조직에 필요한 적정인력을 산출하는 객관적인 자료로 활용할 수 있습니다.

물론 FTE가 업무 숙련도나 전문성 등이 고려되지 않는 점과 업무에 대한 집중도도 반영하기 어렵고 만약 가중치를 설정하더라도 객관성이 미약하여 여러 가지 한계를 가지고 있는 것이 사실이나 직무분석 차원에서 FTE를 고려하여 업무비중을 파악하고 보이는 문제점을 개선, 보완하려는 노력을 아끼지 않아야 합니다.

위에서는 단순히 모니터링 건수와 FTE분석만을 가지고 적정 QA인원을 산출한다고 했지만 이외에도 고려해야 할 사항들이 많고 생각보다 적정인원 산정에 필요한 산정 변수와 산출 기준이 정하기 어렵습니다. 예를 들어 모니터링 방식에 따라서도 인원 산정이 달라지고 이외에도 업무의 특성은 물론 상담원 수, 업무량, 콜의 길이나 코칭 회수, 모니터링에 소요되는 시간도 적정 QA산정의 기준이 되기도 합니다. 따라서 이러한 복잡한 기준을 통해 인원을 산정하는 것과 다양한 변수를 반영시켜야 하는 것은 생각보다 어려운 작업이기도 합니다.

따라서 정확하게 적정 QA를 산정하기보다는 전문기관이나 국가기

---

[1]   1달 혹은 1년 등 정해진 기간 내에서 풀타임 근로자가 수행하는 근무시간의 총량을 의미

관에서 마련한 기준 및 지침에 따라 인원을 투입하는 것이 일반화되고 있습니다. 예를 들어 한국산업규격(KS)인증 콜센터 분야 자료 중 콜센터 서비스 교육훈련요건(KS A0976-2)에 의하면 45명당 1명의 품질관리자(QA)를 두어야 한다고 규정하고 있습니다. 또한 콜센터 서비스 운영수준 평가모형인 COPC(Customer Operation Performance Center)의 벤치마킹 데이터를 보면 40명당 1명의 QA를 두는 것을 운영 기준으로 지침을 주는 경우도 있습니다. 또한 우수기업 콜센터를 인증하는 국내 기관의 경우 우수 콜센터 인증을 받은 국내 콜센터는 평균 25~30명당 1명의 QA를 두고 있다고 합니다.

위와 같이 각 기관이나 전문업체에서 제시하는 기준이라는 것도 규정일 뿐 최근에는 해당 요건을 별도의 기준으로 두지 않은 경향을 보이고 있습니다. 아무래도 위에서 언급한 바와 같이 산정 기준이나 산정 절차는 물론 산정을 위한 변수가 복잡해 이를 규정으로 묶어 두고 요건을 맞추라고 하기보다는 해당 고객센터의 상황에 맞게 인원 투입을 할 것을 권장하고 있는 것 같습니다.

따라서 해당 콜센터 산업의 현황이나 규모, 환경에 따라 달리 적용될 수 있으므로 어느 것이 '적정 QA인원이다'라고 명확하게 말씀드릴 수는 없습니다. 다만 고객센터의 규모 및 업무의 특성 그리고 상담 품질 업무의 과부하나 상담원들의 코칭 피드백 수행 정도를 고려하여 적정하다고 생각되는 인력을 투입하는 것이 올바른 방법이라고 생각합니다. 좀 더 객관적인 기준이 필요하다면 위에서 언급한 기관이나 전문 업체에서 제시하는 가이드라인에 참고하여 인원을 투입하는 것이 그나마 바람직하지 않을까 생각합니다.

08

고객센터 QA조직의
성과관리 및 평가

목표 설정 시 매일 또는 매주마다 정량적인 성과가 데이터 형태로 나오는 상담원들에 비해 이들을 모니터링하고 코칭하며, 실적 집계는 물론 상담원들의 스킬을 향상시키는 관리조직에 대한 평가는 실시간으로 이뤄지지 못하는 문제가 발생합니다. 이는 이들의 역량을 실시간으로 평가할 수 있는 성과지표가 없기 때문이고, 있다고 하더라도 실시간 계량화가 어렵기 때문입니다. 또한 관리조직 담당자들에 대한 단기간 평가는 평가를 위한 평가가 되어 고객센터 자원을 왜곡시키는 결과를 낳으며 업무의 효율성을 떨어뜨리는 부작용을 낳을 수 있습니다. 담당직원에 대한 평가는 상담원들의 실적이나 결과가 나온 뒤 그 해당 실적 데이터나 정보를 바탕으로 평가가 이뤄지는 것이 일반적인데 이러한 문제 때문에 기존 상담원들과는 다른 형태의 성과관리와 평가가 이루어져야 합니다.

고객센터 관리조직에 대한 평가가 적절히 이뤄지지 않으면 고객센터 성과관리에 차질이 발생하며, 평가항목에 대한 형평성 및 평가에 대한 공정성도 어긋나게 되어 고객센터 운영의 장애요소로 작용할 수 있습니다. 즉, 일반 상담원의 경우 정량적인 평가가 가능하나 관리조직 담당자 이상의 직급에 대해서는 일반적인 성과관리 지표만으로 100% 통제가 불가능하고 센터장의 임의적인 판단이나 주관에 의해 성과를 왜곡시킬 수 있는 우려가 존재합니다.

고객센터 내부의 일반 관리조직과는 달리 고객만족을 위한 고객센터의 통화품질과 상담원의 통화품질역량 향상을 책임지는 QA조직에 대한 평가는 여느 다른 관리조직 못지않게 중요합니다. QA조직은 보통 QA조직을 이끄는 팀장과 QAA와 QAD로 구성됩니다. 보통 QA조직에 대한 평가는 정량지표와 정성지표를 KPI(Key Performance Index)화하여 평가하는 방법이 가장 일반적입니다. 정량지표는 보통 계량화된 수치의 형태로 나타날 수 있는 생산성 지표로 평가되며 정성지표는 비계량화된 형태로 나타나므로 일반적으로 역량에 기반하여 평가를 하는 것이 일반적입니다.

먼저 QA조직에 대한 평가 이전에 선행되어야 할 것이 몇 가지 있는데, 그것은 QA조직의 업무와 역할을 정의하고 고객센터의 운영 목적 및 목표에 일치시키는 것입니다. 사전에 명확한 역할 및 정의는 물론 목표를 일치시킴에 따라서 성과평가의 범위와 평가항목 및 비중이 달라지기 때문입니다. 물론 고객센터마다 평가에 대한 비중과 KPI를 구성하는 항목들이 다르겠지만 고객센터의 운영목적과 목표에 근거하여 설정하여야 합니다. 역할 및 정의가 QA담당자들의 개인 목표에 대한 성과평가의 근거라고 한다면, 고객센터의 목표라는 것은 QA조직에 대한 성과평가의 근거가 될 수 있습니다. 보통 개인의 성과평가는 직무기술서(Job Description)를 근거로 해서 만들고 QA조직의 성과평가는 조직단위의 사업계획 또는 조직 운영계획을 통해 나오는 것이 일반적입니다.

아래의 예시는 QA조직을 평가하는 데 있어서 고려할 만한 정량적인 지표와 정성적인 지표들입니다. 물론 고객센터의 규모나 성격 및 특성에 따라 아래 지표들은 다양한 형태로 나타날 수 있습니다. 다만 QA조직의 성과평가는 어느 조직이나 마찬가지겠지만 객관적이고 공정해야 하며 가급적이면 평가자의 주관적 요소가 개입되어서는 안 됩니다. 즉 이 말은 정성적인 지표를 최소화해야 한다는 의미를 내포하는 것인데 정성적인 평가항목이 많을수록 관리가 힘들어지기 때문입니다.

다만 정성적인 지표의 경우 정량적인 지표로 평가하기 어려운 사각영역이 있으므로 10~20% 정도 부여를 통해 보완하는 것이 바람직하다고 생각합니다. 정성평가는 고객센터 업무수행에 필요한 역량을 평가하는데, 고객센터 내부에서 역량진단을 통해 설정된 평가기준을 토대로 해서 팀장이 팀원을 평가하는 것이 일반적입니다. 예를 들어 '리더십'이라는 역량평가는 "직원들이 자율적으로 업무를 수행할 수 있도록 권한과 위임을 주고 맡은 바 업무를 끝까지 수행해 내는 역량"으로 정의하고 이를 위한 역량개발계획과 이로 인한 결과를 평가하는 것입니다.

정량적인 지표	정성적인 지표

• 모니터링 평가 건수(모니터링 달성률)
• 상담원/파트리더에게 이의제기 받은 건수
• 코칭내역 및 코칭 점수
• 코칭 목표 달성률
• 센터 QPI(Quality Performance Index)점수
• CSI점수 중 고객센터 관련 점수
• 전체 콜 중 상담품질점수의 개선 정도
• 통화품질점수 저조자의 개선 대상비율
• 사전 스팟이나 피드백 시간 정도
• 스케줄 고수율, FCR(첫번째 콜해결율)
• 고객유지 및 상향/교차판매 비율
• 업무지식 평가 및 통화품질 점수
• 기타
	• 정성적인 지표는 정량적으로 평가하기 어려운 부분을 평가(팀 기여도, 직무평가 등)
	• 팀장 평가 항목
	  - 조직원 간 커뮤니케이션, 리더십, 고객 지향성
	  - 문제해결능력, 업무조정능력, 업무에 대한 열정 등
	• 내부 역량진단을 통한 역량 평가기준을 구체적으로 설정함
	• 모니터링 보고 및 분석에 대한 만족도
	• 스크립트 만족도 평가 (현장 활용도)
	• 코칭 및 피드백에 대한 상담사 만족도
	• 모니터링 보고 및 분석에 대한 만족도
	• 모니터링 평가에 대한 공정성 평가 외

 리더십 역량을 개발하기 위해 자신이 해야 하는 활동, 예를 들어 리더십 관련 서적이나 강의 또는 컨퍼런스 참석, 관련 자격증이나 교육 프로그램 이수 등을 통해 얻을 수 있는 결과들을 설정하고 이를 팀장이나 조직장이 평가하는 것을 의미합니다. 평가결과는 뛰어남, 목표수준 충족, 목표수준을 충족하지만 일부 역량 미달, 목표수준은 물론 일부 역량 미달, 역량 미달 정도로 평가할 수 있고 이를 역량 수치화하여 평가에 반영합니다. 향후 이러한 고객센터 역량평가를 근거로 하여 승진이나 보직 변경 시 활용합니다. 그뿐만 아니라 '문제해결능력'을 예로 든다면 "다양한 정보를 분석해 내고 문제의 핵심파악을 통해 문제를 해결하는 역량"이라고 정의하였다면 이를 위한 역량개발계획으로는 모니터링 프로세스 관리, 지속적인 평가, 합동 모니터링 참

여도 및 적절한 보고 준비, 상담품질 프로세스 개선의 기회 발굴, 모니터링 결과에 대한 분석 등의 활동이 있을 수 있습니다.

이러한 활동의 결과로 프로세스 개선 정도, 코칭 피드백에 따른 상담품질 개선도, 상담원의 평가 이의제기율 감소 및 만족도 향상이 도출될 수 있다고 설정한다면 이를 수치화하여 평가에 반영합니다. 위에서 언급하였지만 정성평가를 진행할 때 조직에서 필요로 하는 역량을 평가에 활용하는 데 있어서 팀장의 조정치 비중을 너무 높게 잡으면 정성평가에 팀장의 주관이 크게 작용하여 공정성의 문제가 발생할 우려가 있으므로 주의하여야 합니다.

본론으로 들어가서 QA조직 담당자에 대한 정량적인 평가는 개별 QA업무 담당자에게 부여된 고유 업무에 대한 평가이므로 담당자 간 KPI가 동일하지만 비중이 다르거나 아예 KPI항목 자체가 다른 경우도 있을 수 있습니다. 예를 들어 QAA의 경우에는 QA평가 및 코칭에 대한 만족도, QA활동에 따른 전체 상담원 대비 A등급 이상 상담원 비율, 실적 부진자에 대한 비중, 팀장에 의한 정성적인 평가치를 KPI로 정하여 평가할 수 있습니다. 여기서 각 QA담당자별로 KPI가 동일하게 겹치는 부분은 어떻게 하느냐가 관건인데, 이에 대한 해결책은 각 담당자들의 동일한 KPI 항목에 대해서는 근속연수나 업무숙련도에 따라 비중을 달리하여 평가하면 됩니다.

예를 들어 QA선임과 담당의 KPI중에 실적 부진자에 대한 항목이 적용된다면 선임QAA는 30%를 적용하고 담당QAA의 경우 20%를 적용합니다. 또 하나의 문제는 각 항목에 대해 매월 평가를 실시한다면 평가결과가 월 단위로 나오는 것도 있지만 업무의 효율성 때문에 시행하기 어려운 평가항목이 있을 수 있는데 이러한 문제에 대해서는 반기, 분기별 아니면 연 1~2회 실시한 결과를 평가에 반영하면 됩니다.

예를 들어 고객만족도 조사(CSI)나 내부 직원 만족도, 코칭 및 피드백에 대한 상담원 만족도 등과 같이 매월 실시할 경우 업무 효율성 또는 평가 자체가 어려운 항목에 대해서는 분기별 또는 반기별, 아니면 1년을 기준으로 결과를 평가할 수 있습니다. 다만 비중이나 평가항목에 대한 것은 사전에 목표합의를 통해 이뤄져야 합니다. QAA에 대한 평가이건 QAD에 대한 평가이건 간에 위에서 언급한 고객센터의 목표, 특히 QA조직의 목표와 QA조직 및 개인에 대한 업무 정의, 역할에 따라 성과평과 항목은 물론 배점과 비중이 달라질 수 있으므로 이를 고려하여 평가하여야 합니다.

필자는 개인적으로 QA조직뿐만이 아니라 모든 조직에 대해서 균형 잡힌 성과평가가 이루어져야 한다고 생각합니다. 예를 들면 QA조직에 대한 평가를 할 때도 수익 및 효율성 관점, 고객만족 관점, 학습과 성장관점, 프로세스 관점에서 이루어져야 한다는 것이죠. 이와 관련하여 흔히 BSC(Balanced Score Card)는 기업의 성과를 측정하는 도구로 활용되는데, 조직의 비전 달성을 위한 전략 수립에 근거하여 핵심 역량을 찾아내고 이를 성과지표로 연결하여 핵심지표를 측정하고 관리함으로써 효과적으로 조직의 비전을 달성할 수 있도록 하는 평가방법으로 많이 활용됩니다.

BSC관점 QA조직 성과지표

관점	주요 KPI
고객만족지표	모니터링 점수 결과, 고객불만 접수건, 1st 콜 해결률(FCR), 오상담, 오안내 최소화 등 고객 지향적이며 고객을 만족시키기 위해 필요한 지표
수익 및 효율성 지표	해지방어 성공률, 상향 및 교차판매 성공률, 신규가입률, 콜당 단가, CPH, 평균통화시간 및 후처리 시간 감소 등 고객센터 수익 및 효율성과 관련된 지표
학습 및 성장지표	상담사 만족도 조사(ESI), 교육 진행건수, 스크립트 활용도, 코칭 만족도, 교육 및 훈련 만족도 등 직원 역량 향상과 관련된 지표
프로세스 지표	업무 절차의 효율성, QA모니터링 개선, 모니터링 시간 효율성, 상담품질 관리를 위한 프로세스 개선, 이의제기 프로세스 개선, 스크립트 개발 및 작성 프로세스 개선 등 고객의 기대를 충족시키고 목표를 달성하기 위해 필요한 프로세스와 관련된 지표

이를 고객센터 상담품질 성과관리와 연관 짓는다면 "효율적인 모니터링과 상담원에 대한 지속적인 교육을 통해 상담원의 역량을 향상시킴으로써 서비스 품질을 제고하고 사업성과에 기여함"이라는 것을 QA조직의 목표로 정의할 수 있을 것입니다. 이러한 QA조직의 목표를 달성하기 위한 수익 및 효율성과 같은 재무적인 성과지표 외에도 비재무적인 성과지표를 반영시킴으로써 균형 잡힌 성과를 측정할 수 있습니다. 4가지 관점 이외에도 고객센터의 정책 또는 전략 및 경영목표에 따라 관점을 달리 반영할 수 있으므로 QA조직에 대한 평가도 필요에 따라 다양한 관점에서 평가가 이루어질 수 있도록 해야 합니다.

CHAPTER 3

고객센터 상담품질운영
실무

01

국내 녹취콜 모니터링 평가의 문제점

∪

    고객센터에서 고객을 응대한 콜을 모니터링하는 방식은 다양하며 다음과 같은 장단점이 있습니다. 모니터링 방식은 다양하지만 한 가지 방식을 가지고 모니터링하기보다는 상황이나 조건에 따라 방식을 달리하면서 활용하는 것이 일반적입니다. 그럼에도 불구하고 국내 고객센터에서 가장 많이 활용하는 방식은 녹취콜 모니터링 방식이며, 상담직원당 보통 3콜로 평가하는 것이 일반적입니다. 물론 실시간 모니터링 평가[1]를 진행하는 고객센터도 있기는 하지만 정작 평가에는 반영하지 않는 경우가 대부분입니다.

---

1   본서에서 실시간 모니터링 평가는 실시간으로 고객과 상담사가 통화하는 내용을 들으면서 평가하는 방식을 의미한다.

모니터링 방식 및 장·단점 비교

방식	장단점	내용
녹취를 통한 모니터링	장점	- 녹취 시스템을 활용한 가장 일반적인 모니터링 방식 - 짧은 시간에 많은 콜을 모니터링할 수 있음 - 시간에 대한 유연성 확보는 물론 샘플링이 쉬움(녹취 시스템 활용)
	단점	- 실시간 피드백이 어려움 / 타이밍이 늦으면 적절한 코칭이 어려움
원격 모니터링	장점	- 할입감청 방식이며 수시 모니터링 및 무작위 샘플링이 가능 - 실시간 모니터링이 가능해 다양한 용도로 활용 - 상담직원의 습관이나 업무능력, 지식, 태도를 자연상태에서 파악 가능 - C-Player(실적 부진, 불만 유발, 신입 등)에 대한 오안내 및 즉각 피드백 가능
	단점	- 사전에 목적이나 의도가 불분명하면 감시당하고 있다는 느낌을 줌 - QA역량에 따라 모니터링 내용의 편차가 큼
동석 모니터링	장점	- 실시간 모니터링이 가능하고 피드백 및 코칭이 가능 - 현장에서 실제 관찰 및 확인이 가능해 모니터링에 대한 효과가 큼
	단점	- 동석 시 신입직원 및 해당 직원의 경우 심적 부담이 큼 - 동석 시 위축 및 부자연스럽고 인위적인 상담이 이루어질 가능성 높음
미스터리 콜 모니터링	장점	- 신입사원 / 실적 부진자 대상 교육 진행 후 교육효과 확인 시 유용 - 상담직원이 인지하지 않은 상태에서 모니터링이 이루어짐 - 고객으로 가장해 모니터링 진행을 진행(핵심사항에 대한 질문 및 답변 유도)
	단점	- 반복 시행 시 직원들이 미스터리 콜이라는 것을 인식하게 되어 효과 감소
동료 모니터링	장점	- 상담직원이 동료를 모니터링하는 방식 - 동료끼리 이루어지는 모니터링 방식으로 긴장감 해소 및 친밀도 유지(공감대) - 모니터링에 대한 반감 또는 공포를 줄일 수 있음 - 쌍방향적이고 문제 해결 중심의 학습효과를 누릴 수 있음
	단점	- 대상 상담직원 및 그루핑(Grouping)을 잘못할 경우 효과가 감소 - 목표가 불분명하거나 잘못 운영 시 효과를 얻기 어려움 - QA의 지나친 간섭 / 소통 미흡 / 교육 부족 및 지침 미흡

자가 모니터링	장점	– 자신이 응대했던 콜을 직접 평가를 통해 차이점을 파악하고 개선 　하는 방식 – 센터에서 이루어지는 모니터링 평가 결과와의 갭(Gap) 해소 – 직원 본인 역량에 대한 객관화(장단점 파악 및 개선 효과)
	단점	– 신입이나 실적 부진자에게는 부적절한 모니터링 방식 – 적절한 피드백이나 코칭이 이루어지지 않을 경우 기존 태도 및 　습관 유지

앞에서 언급하였다시피 국내 고객센터는 녹취콜 평가(Call taping)가 주를 이루는데, 문제는 시간이 너무 많이 소요된다는 점입니다. 숙련된 평가자의 경우 1콜을 평가하는 데 15분 정도가 소요되는 반면, 비숙련 또는 일반 평가자의 경우 25~35분 정도가 소요됩니다. 이는 평가 외에도 다양한 업무를 소화해 내야 하는 평가자의 입장에서는 부담으로 작용하기도 하고, 운영 효율성 측면에서도 그리 좋은 결과를 내기 어렵습니다.

이외에 평가자의 역량에도 문제가 있지만 평가자에 대한 업무분장이 명확하지 않고 모니터링 업무에 집중하지 못하게 하는 고객센터의 환경도 한몫하는 경우가 많습니다. 또한 평가하지 않아도 되는 부적절한 평가항목이 너무 많은 것도 문제라고 할 수 있습니다. 또한 상담직원 입장에서는 월간 단위로 응대하는 콜이 많음에도 불구하고 단순히 2~3콜로 자신의 상담품질 수준을 평가하는 것에 대한 불만이 많은 것도 사실입니다.

이렇듯 녹취콜 평가는 장점도 더러 있겠지만 비효율적인 부분이 많기 때문에 개선이 필요합니다. 필자는 그 대안으로 실시간 모니터링(Real time monitoring)을 지속적으로 제안하고 있습니다. 실시간 모니터링 평가는 말 그대로 실제로 상담직원이 고객과 통화하고 있는 콜을 수시로 평가하는 방식을 의미합니다. 실시간으로 다양한 콜을 모니터링하면서 평가를 통해 상담직원이 자주 실수하거나 누락하는 내용, 또는 개선이나 보완이 필요한 부분을 파악하는 것입니다. 즉, 평가를 위한 평가라기보다는 개선과 보완에 초점을 맞춘 모니터링 방식이라고 할 수 있습니다.

필자가 고객센터 컨설팅이나 강의 등을 통해 효율성과 효과성을 고려하였을 때 녹취콜 모니터링 평가보다는 실시간 모니터링 평가를 시행해야 한다고 강조하고 있음에도 다양한 이유로 인해 잘 진행되지 않고 있음을 확인하였습니다. 예전에 비해 실시간 모니터링의 비중이 높아지고 있는 것은 사실이지만, 여전히 고객센터에서의 모니터링 방식은 녹취콜 모니터링 평가에 치중되어 있는 것이죠.

그렇다면 어떠한 이유로 국내 고객센터에서는 실시간 모니터링을 하지 않는 것일까요? 가장 큰 이유는 실시간 모니터링 평가에 대한 경험이나 스킬의 부족 때문이라고 생각합니다. 실시간 모니터링 평가의 경우 숙련된 수준까지 되려면 시행착오를 거쳐야 하고, 이러한 과정에서 부작용이 발생할 가능성을 우려하는 것이죠. 충분한 스킬이나 경험이 없을 경우 잘못된 평가로 인해 상담직원의 불만이 발생할 수 있으며, 평가에 대한 신뢰성이 저하될 수 있는 위험성이 있다는 것이 가장 대표적입니다. 이러한 위험요소 때문에 실시간 모니터링 평가보다는 단순 녹취에 의한 평가가 주를 이루게 된 것이라고 생각합니다.

다음 장에서는 실시간 모니터링 평가를 해야 하는 이유에 대해서 알아보도록 하겠습니다.

02

고객센터에서 실시간 모니터링 평가가
필요한 이유

녹취콜 평가는 모호하고 주관적인 평가에서 비롯된 평가의 공정성 문제와 평가 시간 및 노력 대비 효율성이 떨어지는 부정적인 인식에도 불구하고 여전히 국내 고객센터의 모니터링 평가 방식에 있어 주를 이루고 있습니다. 녹취 서버에 저장된 다수의 고객응대콜 중 무작위로 샘플링하여 모니터링하는 방식은 분명 상담품질을 업그레이드시키는 데 일정 부분 역할을 했다고 할 수는 있지만, 즉각적인 피드백의 어려움과 평가자의 심적 부담을 가중시키는 주범으로 지목되고 있습니다.

이와 같은 녹취콜 평가방식은 개선과 보완 차원의 평가가 아닌 단순히 평가를 위한 평가를 더욱 고착화시키는 역할에 머무를 가능성이 높습니다. 그래서 필자는 실시간 모니터링 평가를 지속적으로 주장하고 있는 것입니다. 다음 표는 녹취콜 평가와 실시간 평가를 비교한 것으로, 이제까지 필자가 주장한 내용을 요약 정리한 것이라고 보시면 됩니다.

물론 녹취콜 평가방식이 무조건 쓸모없고 비효율적인 방식이며 그래서 과감하게 해당 방식을 버려야 한다고 할 수는 없습니다. 왜냐하면 각각의 평가방식에는 장단점이 있기 때문입니다. 그러나 무조건 녹취콜 평가방식만을 고수하는 데는 여러 가지 문제점이 따르니, 이를 병행하거나 실시간 모니터링 평가 방식의 비중을 높일 것을 추천합니다.

녹취콜 평가방식 vs 실시간 평가

구분	녹취콜 평가	실시간 평가
대상	– 전체 IN-B/OUT-B 상담직원	– 전체 IN-B/OUT-B 상담직원
시기 / 평가 콜 수	– 매월 상담직원별 3콜 평가	– 매월 상담직원별 7~12콜 평가
방식	– 녹취콜 무작위 추출	– 실시간 콜 무작위 추출
콜당 평가 시간	– 15분 ~ 35분	– 5 ~ 10분
평가 항목	– 평균 15개 이상	– 평균 10개 미만
특징	– 평가콜 수가 제한적임 – 평가시간이나 기간이 다소 제한적 – 평가콜 수에 대한 잠재적 불만 발생 – 평가시간이 길어 평가자 심적 부담 큼 – 즉각적인 피드백 진행 어려움 – 실시간 고객센터 현황 파악이 어려움 – 세부적인 내용 파악 및 평가가 가능	– 평가콜 수가 상대적으로 많음 – 평가시간에 대한 유연성 확보 가능 – 평가콜 수에 대한 불만 감소 – 평가시간이 짧아 평가에 대한 부담 저하 – 실시간 피드백이 가능 – 현재 고객센터 현황 파악이 용이 – 녹취콜 평가보다는 항목이 적음

그렇다면 왜 고객센터에서 실시간 모니터링 평가를 해야 하는지를 알아보겠습니다. 먼저 몇 차례 강조하였듯이, 상담품질 모니터링은 평가를 위한 평가가 아닌 고객을 응대하는 과정에서 자주 실수하거나 누락하는 것을 파악함은 물론 상담직원의 응대 태도 및 자세에 대해서 실시간으로 피드백을 줄 수 있어야 하기 때문입니다.

또한 단순 녹취에 의한 평가보다 평가시간이 상대적으로 짧아 평가자의 업무 부담이 줄어드는 장점이 있습니다. 고객과의 통화가 이루어지는 시간 동안 모니터링 평가를 해야 하기 때문에 평가자 입장에서는 평가에 대한 집중도가 높아질 수밖에 없고, 위에서 언급한 바와 같이 실시간 피드백이 가능하다는 장점이 있습니다. 이는 녹취콜 평가에 비해 핵심 위주의 평가항목만을 대상으로 하고 있기 때문인데, 가급적 불필요한 항목은 최소화하고 평가의 본질이라고 할 수 있는 부분에 초점을 맞춰 평가를 진행합니다.

일반적으로 실시간 모니터링 평가의 평가항목은 10개 미만으로 기본능력, 업무능력(지식정보 제공과 문제 해결) 그리고 CS스킬에 초점을 맞춥니다. 물론 고객센터의 업무 성격이나 특징 및 상황에 따라 평가항목이 달라지긴 하지만, 명백한 것은 평가항목이 많아진다고 해서 상담직원의 상담품질 능력이 좋아지는 것이 아니므로 핵심 평가항목에 집중한다고 보시면 됩니다. 이 글을 읽는 독자분들은 지금 고객센터에서 평가하고 있는 항목이 몇 개인지 그리고 그 항목들 가운데 불필요한 항목은 없는지 확인해 볼 필요가 있습니다.

고객센터에서 상담품질을 관리하는 궁극의 목표는 무엇이고 본질은 무엇인지를 생각해 본 다음 필요에 따라 평가항목의 다이어트가 필요한 시점입니다. 어차피 콜의 유형은 매우 다양하고 이렇게 다양한 상황에 맞춰 모니터링 평가표를 만드는 것은 불가능한 데다 설령 가능하더라도 비효율적이고 평가자나 직원들로 하여금 혼선을 줄 가능성이 높습니다. 상담품질이라는 것이 고객만족 또는 긍정적인 고객경험 관리라고 한다면, 그러한 목표 또는 본질에 맞는 평가항목이 무엇인지 고민해 보고 그러한 목표에 필요한 평가항목을 새로이 디자인하는 것이 바람직합니다.

이와 더불어 실시간 모니터링 평가를 진행할 경우 평가시간이 대폭 줄어들기 때문에 상담직원 대상 모니터링 건수가 늘어나 평가의 객관성이 확보된다는 점입니다. 즉, 인당 2~3콜이 아닌 기본적으로 10콜 이상도 가능하다는 점과 이를 통해 코칭이나 피드백을 진행할 때 객관성을 담보해 낼 수 있다는 점이 하나의 특징이라고 할 수 있습니다.

고객센터 진단 컨설팅을 진행하거나 커뮤니티에서 쏟아져 나오는 상담직원들의 한결같은 불만은 자신이 응대하는 몇천 콜 중에서 2~3콜로 평가가 이루어진다는 사실과 제대로 된 피드백이 이루어지지 않는다는 점입니다. 이와 함께 상담품질평가 결과가 성과급이나 인사고과에 영향을 미친다는 점에 대해서 불만을 토로하는 경우도 있습니다.

객관성을 확보하기 위해서 고객센터 책임자 입장에서 더 많은 콜을 샘플링하여 평가하고 싶어도 그만큼 간접인원이 더 필요하기 때문에 이러한 요구를 수용하기란 쉽지가 않습니다. 그렇지만 실시간 모니터링 평가의 경우 인당 10~15콜까지도 평가할 수 있어 간접인원을 늘리지 않아도 된다는 점에서 운영효율성이 높아지는 장점이 있습니다.

서두에서 언급하였다시피 실시간 모니터링의 가장 큰 장점은 즉각적인 조치나 피드백이 빠르게 이루어질 수 있다는 즉시성에 있습니다. 즉, 상담직원과 고객의 통화내용을 실시간으로 들으면서 문제점 확인은 물론 분석과 함께 개선 포인트를 찾을 수 있다는 점이죠. 이를 근거로 바로 해당 직원과의 소통을 통해 문제점이나 개선해야 할 사항을 확인하고 즉각적으로 대응할 수 있습니다. 아시다시피 녹취콜의 경우 보통 월말에 진행되기 때문에 평가자 입장에서는 부담이 될 수밖에 없고 상담직원 입장에서는 수많은 콜 중 언제 받았는지도 모르는 콜을 가지고 관리자가 피드백을 진행한다면 효과가 그리 크지 않을 것입니다. 이러한 점에서 실시간 모니터링 평가는 즉각적인 피드백이 가능해 상담직원에게도 큰 도움을 줄 수 있습니다.

또한 최근 고객센터 이직률은 높아지고 상담직원을 충원하기도 어려운 상황에서 그나마 충원된 신입을 대상으로 교육 및 훈련이 집중되면서 QA의 업무도 가중되고 있는 상황입니다. 그렇다고 상담품질을 진행하지 않는 것은 더 큰 문제를 야기할 수 있으므로 교육 및 훈련 이후 사후관리 측면에서 모니터링은 반드시 병행되어야 합니다. 정보나 지식을 제공하는 것도 중요하지만 감성적인 응대를 기반으로 고객의 문의사항에 대해서 신속 정확하게 문제를 해결하는 것에 초점을 맞춰야 하는데, 이때 중요한 것이 바로 모니터링이며 상담직원에 대한 즉각적인 피드백을 줄 수 있는 실시간 모니터링은 매우 중요한 활동이라고 할 수 있습니다. 물론 동석 모니터링도 한 가지 방법이기는 하지만, 바로 옆에서 진행할 경우 해당 상담직원이 부담을 느껴 제대로 된 응대가 이루어지기 어렵습니다.

종합하자면, 상담직원의 디테일한 부분까지 모니터링해서 피드백을 제공하고 싶다면 녹취콜 평가방식을 활용하여 해당 목적을 달성할 수 있고, 실시간으로 상담직원의 문제점이나 응대 태도 및 자세를 파악하고 즉각적인 피드백을 원한다면 실시간 모니터링 평가가 적합한 방식이 되겠습니다.

03

고객센터 실시간 모니터링 평가 시
고려해야 할 사항

이번 장에서는 구체적으로 실시간 모니터링 평가를 위해 고려되어야 할 사항과 이후에는 어떤 식으로 이루어져야 하는지 그리고 모니터링 평가 스킬을 향상시킬 수 있는 방법은 무엇인지를 구체적으로 알아보도록 하겠습니다.

실시간 모니터링 평가가 긍정적인 기대효과를 거두기 위해서는 사전에 고려되어야 할 사항들이 있는데, 먼저 평가가 제대로 이루어지기 위해서는 평가항목은 핵심평가 항목 위주로 구성하되 가급적 줄이는 것이 좋습니다. 실시간으로 평가가 이루어지기 위해서는 평가항목이 많으면 많을수록 평가에 대한 오류가 발생할 위험성이 높습니다. 따라서 평가항목은 불필요한 것은 철저하게 배제하고 반드시 평가해야 할 항목 위주로 구성되어야 합니다.

예를 들어 첫인사나 끝인사 또는 작위적이며 주관적인 요소가 포함되어 논란을 불러일으키는 음성연출이나 음성, 속도, 억양과 같은 항목은 과감하게 배제하는 것입니다. 위 평가항목 중 첫인사나 끝인사의 경우 고객센터에 근무하면서 기본적으로 수행해야 하는 평가항목인 동시에 교육을 통해서 기본적으로 업무 수행이 가능하고 비교적 이행이 쉬워 평가에 반영하지 않아도 될 만한 항목입니다.

이와 함께 음성연출이나 음성, 속도, 억양의 경우 평가자의 주관이 개입될 여지가 충분하며 별도로 평가를 하지 않고도 간단하게 메모를 통해 피드백을 전달해도 충분히 개선될 수 있습니다. 개선될 요소라면 평가를 해야 하는 것이 아니냐는 반론을 할 수도 있는데, 이는 실시간 모니터링 평가가 상담품질의 본질 그리고 목적에 부합해야 한다는 입장에서 보았을 때 해당 항목들이 핵심 요소라고 보기에는 어렵기 때문입니다.

간단히 말하자면 고객 입장에서 만족할 수 있는 포인트는 기계적인 음성, 속도, 억양이나 음성연출보다는 고객이 원하는 지식이나 정보를 신속하게 제공하거나 정확하게 문제를 해결하는 것이라고 할 수 있습니다. 따라서 '고객이 원하는 것이 무엇이냐?'에 초점을 맞춘다면 부가적인 평가항목 요소에 집중하기보다는 긍정적인 고객경험이나 고객만족 차원에서 목적에 부합하는 평가항목을 선택하고 집중하는 것이 바람직하다는 것입니다.

그리고 실시간 모니터링 평가를 시행한다고 해서 처음부터 비중을 100% 하는 것이 아니라 기간을 정해 놓고 점차적으로 평가 비중을 늘리는 것이 부작용을 최소화할 수 있는 방법입니다. 예를 들어 실시간 모니터링 평가를 진행할 때 평가자(QA)의 평가 스킬이 확보되기까지 시간이 소요될 수 있고, 평가 스킬이 확보되지도 않은 상황에서 평가를 진행할 경우 시행착오가 발생할 수 있습니다. 이로 인해 상담직원들의 입장에서는 평가에 대한 불만이 발생할 수 있기 때문에 처음부터 실시간 모니터링 평가 비중을 늘리지 말아야 한다는 점은 반드시 주의하시기 바랍니다.

실시간 모니터링 평가와 녹취콜 평가에 의한 평가 비율은 6:4 정도가 적절하다고 생각합니다. 평가자의 역량이나 고객센터의 상황에 따라 평가 비중을 달리하는 것도 좋지만, 중요한 것은 평가자가 실시간 모니터링 평가 스킬을 완벽하게 익히고 학습하여 이를 현장에 적용하는 것입니다. 필자의 경험에 의하면 시행착오를 겪는 기간을 포함하여 2개월 정도면 충분히 현장에 녹여 낼 수 있습니다. 사전에 충분히 담당자와 평가자들이 머리를 맞대고 평가항목 선택, 평가 연습 및 피드백과 같은 과정을 거치면 별 무리 없이 현장에 적용할 수 있습니다. 실시간 모니터링 평가가 익숙해지는 정도에 따라 평가 비율은 서서히 조정해 나가면, 시행착오를 줄일 수 있을 뿐 아니라 반감이나 평가에 대한 불안감도 줄일 수 있습니다.

한국씨에스경영아카데미에서 2013년부터 시행하고 있는 콜센터 상담품질(QA)관리사 자격시험은 실기시험이 있는데 수험자들에게 3분 정도의 동일한 콜을 3번 정도 들려주고 모니터링 평가는 물론 피드백까지 완성해야 합니다. 지금까지 2,000여 명이 콜센터 상담품질 자격증을 취득했는데, 재미있는 사실은 고객센터에서 QA로 활동한 경험이 있는 사람들일수록 듣기평가를 수월하게 풀고 합격률도 높다는 사실입니다. 경험이 전혀 없는 사람들의 경우 듣기평가를 어려워하는 반면, 고객과의 응대콜을 자주 듣는 QA의 경우 문제를 쉽게 풀고 만점자가 많다는 것은 무엇을 의미할까요? 콜센터 상담품질(QA)관리사 실기시험은 사실 필자가 줄기차게 주장해 온 실시간 모니터링 평가를 자격증 시험에 적용한 것입니다.

즉, 누구나 연습만 하면 충분히 실시간 모니터링 평가를 수행할 수 있다는 사실입니다. 그렇다면 고객센터에서 상담품질평가자인 QA의 실시간 모니터링 평가에 대한 스킬이 없어서가 아니라 고객센터 운영 자가 상담품질 개선 및 보완에 대한 사항을 너무 피상적으로 접근하 는 것은 아닌지 의심스럽습니다. QA가 충분히 실시간 모니터링 평가 를 수행할 수 있는 역량을 보유하고 있음에도 불구하고, 대체 왜 평가 자나 상담직원들이 선호하지도 않고 오히려 불편을 토로하는 모니터 링 평가방식을 고수하는지 이유를 알 수 없습니다.

다음으로 실시간 모니터링 평가를 향상시키기 위해서 관리자는 물 론 평가자들이 함께 모여 합동평가를 직접 진행해 보는 것입니다. 합 동평가를 통해 평가를 진행할 때 발생하는 갭을 최소화하고 실시간 모니터링 평가를 할 때 추가적으로 반영해야 하는 사항이나 평가를 할 때 평가자 입장에서 주의하여야 할 사항은 물론 평가에 대한 지침 과 관련해서도 합의를 이루고 이를 실제 평가에 반영하는 과정을 거 치는 것이 바람직합니다. 또한 합동평가를 통해서 평가 기준은 명확 한지 그리고 추가적으로 반영 또는 삭제 및 보완되어야 하는 평가항 목은 없는지 가중치를 주어야 할 항목은 무엇인지를 논의하고 합의하 는 과정을 거쳐야 향후에 평가로 인한 혼선을 줄일 수 있습니다.

앞에서 언급하였듯이 고객센터의 상황을 고려하여 실시간 모니터링 평가 비중을 확대하는 것을 추천합니다. 주요 평가방식은 일반 상담직원 대상으로는 실시간 모니터링 평가방식으로 평가로 하되, 녹취콜 평가의 경우 실적 부진자, 고객불만 야기한 직원, 신입사원을 대상으로 풀코칭(Full coaching)이나 피드백을 진행할 때 활용하면 좋을 것 같습니다. 개인성과지표(KPI)에 상담품질 반영 시 실시간 모니터링 평가만을 반영하거나 아니면 실시간 모니터링 평가와 녹취콜 평가의 비중을 정해서 나온 결과를 평가에 반영하는 것도 방법이라고 할 수 있습니다.

04

실시간 모니터링 평가 스킬을
향상시키는 방법

 이번 장에서는 실시간 모니터링 평가를 어떻게 진행해야 평가자의 스킬이 향상될 수 있는지에 대해 알아보도록 하겠습니다. 사실 실시간 모니터링 평가는 어느 정도 경력이 있는 평가자(QA)라면 충분히 수행할 수 있는 평가방식임에도 불구하고 고객센터 운영관리자나 평가자들이 다양한 이유로 시행되지 않고 있어 고객센터 내에 비효율이 발생하고 있습니다. 누구나 할 수 있지만 실시간 모니터링 평가를 하면서 시행착오를 겪지 않기 위해서는 몇 가지 알아야 할 사항들이 있습니다.

실시간 모니터링 평가 진행 절차

여러 유형의 콜 청취 ①
- 콜 유형 및 전체적인 상담 흐름과 맥락 파악
- 평가지침을 마련하는 데 실질적인 도움 제공
- 상담 유형이 대부분 유사해 짧은 시간에 파악이 가능
- 평가에 필요한 지침 마련

평가에 필요한 지침 확인 ②
- 콜 청취를 통해 평가지침 마련 후 해당 지침 숙지
- 평가 시 주의해야 할 사항 및 필수 확인 사항
- 청취한 콜과 평가항목 맵핑(Mapping)

평가항목 및 배점 비중 숙지 ③
- 평가자는 사전에 마련된 평가항목과 배점기준 숙지
- 평가항목은 10개 미만으로 설정(평가항목이 적을수록 평가 용이)
- 주관적인 항목이나 불필요한 항목은 배제

실시간 평가 진행 ④
- 콜의 전체적인 흐름이나 맥락을 이해한 상태에서 평가 진행
- 평가는 나무가 아닌 숲을 보는 자세로 평가
- 자주 실수 및 누락하는 내용은 물론 필수 안내 내용 이행 여부 확인
- 상담직원의 성향, 버릇, 태도를 면밀히 파악 (특이사항 메모)
- 사전에 충분한 연습 및 훈련 필요(시행착오 최소화)

피드백할 내용 작성 ⑤
- 평가항목 및 배점 비중에 따라 이행 여부 확인
- 평가 진행 시 메모한 내용을 바탕으로 피드백할 내용 정리하여 평가항목에 대한 수정, 보완, 추가 시 활용
- 평가결과 및 피드백 내용을 토대로 피드백 진행

리뷰 및 마무리 ⑥
- 잘못된 평가나 오류 및 누락된 내용 있는지 여부 확인
- 향후 평가 시 개선해야 할 사항 점검 (삭제, 보완, 축소, 분리, 수정, 추가될 내용 확인)
- 평가항목 배점 비중 조정
- 사후관리 (프로세스 개선, 향후 교육 및 훈련 계획, 상담품질 방향 등)

먼저 상담 유형에 따라 다양한 상담콜을 많이 청취해야 합니다. 평가자들이라면 이미 다양한 유형의 콜들을 이미 많이 들어 보셔서 잘 아시겠지만, 콜을 많이 들을수록 유형 파악은 물론 전체적인 상담의 흐름을 파악하는 데 유익하므로 수시로 듣는 연습을 하는 것은 매우

중요합니다. 이를 통해 고객의 문의내용을 신속하게 파악하는 연습과 함께 문의내용에 따라 유형 구분이 가능하고, 이를 근거로 문의유형에 따른 상황에 따라 평가 지침을 마련하는 데 도움이 됩니다. 상담 유형이 대부분 유사하기 때문에 일주일 정도면 충분히 유형을 파악할수 있습니다.

고객센터에 인입되는 콜이 다양할 것 같지만 실제로 들어오는 콜만 들어온다는 사실을 알고 계실 것이라 생각합니다. 8대2의 법칙[1]이 정확히 들어맞는 곳이 고객센터입니다. 그래서 인입되는 콜의 유형을 빠르게 파악할 수 있으며, 이때 콜을 들으면서 통화 내용에 대한 전체적인 흐름이나 맥락을 이해하는 것이 중요합니다.

다음으로는 실시간 모니터링 평가를 진행할 때 필요한 지침들을 확인하고 이를 평가에 반영해야 합니다. 평가를 할 때 주의해야 할 사항이나 필수 확인사항은 물론 청취한 콜에 대한 이해를 바탕으로 평가 항목의 어떤 부분과 매핑(Mapping)해서 평가를 할 것인가를 훈련하는 과정을 거칩니다.

이렇게 콜을 청취하면서 콜의 전체적인 흐름이나 맥락을 이해하고 이를 평가항목과 연결 지어 훈련하는 과정을 통해서 실시간 모니터링 평가를 진행할 때 발생할 수 있는 시행착오를 최소화할 수 있습니다. 이때 중요한 것은 나무가 아닌 숲을 보려는 노력입니다. 콜의 전체적

---

1   전체 결과의 80%가 전체 원인의 20%에서 일어나는 현상을 일컫는 법칙으로 일명 파레토 법칙이라고도 한다. 전체 매출의 80%는 20%의 고객이 소비한다는 것인데, 어떤 결과의 80%는 20%의 원인에 의해서 발생하는 현상이라고 보는 법칙.

인 맥락이나 흐름보다 지엽적인 부분만을 듣고 평가를 하다 보면, 정작 실시간 모니터링 평가가 지향하는 개별 직원의 상담품질 향상을 위한 지속적인 보완이나 개선이 이루어지기 어렵습니다.

우리가 실시간 모니터링 평가를 하는 이유는 상담직원이 자주 저지르는 실수나 누락하는 것들 또는 운영상 꼭 안내되어야 할 사항에 대해 점검하는 차원에서 활용하거나 고객센터 운영에 있어 비효율성을 제거하고 상담직원의 스킬을 향상시키거나 평가자의 평가에 대한 부담을 감소시키기 위함이라는 점을 다시 한 번 상기하시기 바랍니다.

다음으로 사전에 디자인된 평가항목은 물론 배점기준이 평가자의 머릿속에 자리 잡도록 합니다. 이미 기존에 녹취콜 평가를 통해서 익숙한 항목들이 대부분일 것인데, 그중 핵심이라고 생각하는 항목들에 대한 배점기준이 평가자의 머릿속에 자리 잡도록 하는 것입니다. 이미 필자는 평가항목을 가급적 10개 미만으로 하는 것이 바람직하다고 설명한 바 있습니다.

이때 평가항목은 위에서 설명한 바와 같이 핵심평가 항목 위주로 하는데, 고객의 기대가치와 고객센터 목표 수준에 부합하는 범위 내에서 최소화함은 물론 불필요한 항목을 배제하는 것이죠. 예를 들어 고객만족 또는 긍정적인 고객경험을 위해 필요한 요소가 무엇인지를 정의하고 이를 평가항목에 반영하는 등의 노력이 필요합니다.

평가항목은 고객센터의 업무유형이나 상황에 따라 다르지만, 앞에서 언급한 바와 같이 고객만족과 고객경험에 영향을 미치는 요소들을 녹여 내야 합니다. 예를 들어 고객센터의 가장 큰 존재 이유라고 할 수 있는 정보 제공이나 문제 해결 능력에 영향을 미치는 요소들을 파악하거나 발굴하여 이를 평가항목에 반영하는 것입니다. 최근에는 고객경험관리 차원에서 고객에게 긍정적인 경험을 제공할 수 있는 요소들을 발굴하여 평가항목에 반영하기도 합니다.

예를 들어 고객 정보 확인 여부, 고객 니즈 및 의도 파악, 필수 안내 및 안내 정확성, 고객에게 쉽게 설명, 감성응대(공감 및 호응), 문제 해결 및 처리 능력 등이 주요 평가항목이라고 할 수 있습니다. 만약 영업이나 해지 방어를 주로 하는 고객센터의 경우 고객 반론이나 영업 의지 또는 상품지식 보유나 스킬 여부, 이력 확인 후 교차 및 상향판매 시행 여부 등이 평가항목에 반영되겠지만 고객센터의 성향이나 특징에 따라 평가항목은 물론 평가비중까지 달라지기도 합니다.

다음으로 평가항목은 물론 비중을 머릿속에 담고 콜을 들어 보면서 평가를 진행합니다. 다시 한 번 강조하지만, 전체적인 맥락에서 고객과 상담직원 간에 이루어지는 상담내용에 집중하고 전체적인 흐름을 이해한 상태에서 평가를 진행해야 합니다. 이때 평가하지 못한 콜은 염두에 두지 말고 과감하게 다음 항목으로 넘어갑니다. 전체 흐름이나 맥락을 파악하고 평가항목이나 비중을 학습하기 위한 훈련이므로 크게 개의치 않아도 됩니다. 상담내용의 흐름과 맥락 그리고 평가항목 그리고 비중을 평가자 스스로 내재화하는 연습이 필요한 것이지요. 이러한 연습과 훈련을 통해서 현장에서 실시간 모니터링 평가를 할 때 시행착오를 최소화할 수 있게 됩니다.

우리가 영어 원서나 책을 읽을 때 모르는 단어가 있다고 해서 사전을 찾다 보면 전체적인 이해나 흐름이 끊기는 경우가 많습니다. 그러다 보면 전체적으로 내용을 이해하기 어렵거나 단절되는데, 이와 같이 콜 청취 후 평가를 하는 과정에서 평가에만 몰두하면 제대로 된 평가가 이루어지기 힘들다는 점을 이해하고 과감하게 다음 평가항목으로 넘어가는 연습을 하시기 바랍니다.

예를 들어 상담직원이 고객과 응대 시 자주 실수하거나 누락하는 내용은 없는지 그리고 반드시 안내해야 하는 내용 등을 제대로 이행하는지 여부를 실시간 모니터링을 통해 파악하고 평가를 통해 나오는 상담직원의 성향, 버릇, 태도를 면밀히 파악해서 이를 코칭이나 교육에 반영하고, 상담품질의 방향성을 설정하는 데 활용하는 것이 바람직합니다.

이와 같이 평가자 혼자서 여러 유형의 콜을 들어 보고 실시간으로 평가 연습(콜의 흐름과 맥락, 평가항목 및 비중 내재화) 및 훈련을 충분히 할 경우 실전에서 실시간 모니터링 평가를 진행하는 과정에서 실수를 최소화하고 평가 스킬이 향상되는 것을 경험하실 수 있습니다. 한 가지 팁을 드리자면, 평가를 진행할 때 평가지침 중 필수 확인 사항이나 필수 안내 사항을 반드시 확인하고 난 뒤 중점적으로 체크하거나 확인해야 할 부분은 간략히 메모한다면 평가를 진행할 때 관련 내용이 누락되지 않을 수 있습니다.

이렇게 평가를 진행하고 난 뒤 반드시 평가 결과와 함께 피드백할 내용을 작성합니다. 평가항목 및 배점 비중에 따라 제대로 이행했는지 여부는 물론 결과를 토대로 해당 상담직원의 반복된 실수나 응대 내용 중 수정 및 보완이 필요한 사항들을 기록합니다. 또한 평가항목에는 없지만 더 나은 상담을 위해 개선이 필요한 부분은 반드시 메모해 두었다가 이를 피드백 시 활용하는 것이 좋습니다.

예를 들어 전체적으로 고객을 응대할 때 '답답하고 활기찬 기운이 느껴지자 않아 지루한 상담이 이어진다.'거나 '생동감이 느껴지지 않고 무미건조하며 정중함이 느껴지지 않는 응대였다.'거나 혹은 '응대 도중 미소가 부족하고 성의가 없으며 시종일관 사무적이고 기계적인 응대가 이루어졌다.'는 등 지극히 주관적인 내용들은 평가항목에서는 배제하는 대신 별도로 메모를 통해 해당 상담직원에게 피드백을 제공할 때 전달하는 것이 좋습니다. 이때 어떤 부분에서 평가자가 그렇게 느꼈는지 그리고 해당 콜에 대해서 해당 상담직원은 어떻게 느꼈는지와 차후에 해당 응대가 반복되지 않으려면 어떻게 해야 하는지에 대해서 설명해 주고 개선을 위해서 필요한 지식이나 정보를 제공하는 선에서 전달해야 합니다.

실시간 모니터링 평가 후 피드백을 진행할 때는 장황하지 않게 1~2개의 주제를 가지고 쉬운 용어나 표현을 써서 전달해야 하며, 무엇보다 객관적이고 구체적인 사실에 근거해야 합니다. 서면 피드백이나 피드백과 관련해서는 별도로 설명하도록 하겠습니다.

이와 같이 평가 및 피드백 작성이 마무리되면 최종적으로 리뷰를 진행합니다. 실시간 모니터링 평가를 진행하면서 콜을 다시 들어 보면서 잘못 평가하거나 누락된 내용은 없는지 비중에 맞게 제대로 점수를 부여했는지 리뷰하고 평가를 합니다. 이와 함께 평가를 진행하는 동안 어려웠던 점과 향후 평가 시 개선해야 할 점은 무엇인지 그리고 사전에 디자인된 평가항목 중 삭제 · 보완 · 축소 · 분리 · 수정은 물론 추가될 내용은 없는지 여부와 배점 비중을 조정하는 등의 사후관리 활동이 병행되어야 합니다.

05

고객센터 상담품질 개선을 위한
실행력 높이기

⌣

    고객센터에서 상담품질을 개선하기 위한 활동은 다양하게 존재하지만, 문제는 이러한 개선활동 대부분 말로 그치는 경우가 많다는 점입니다. 고객센터에서 회의를 진행하다 보면 센터장이 지시하거나 또는 회의를 통해 해당 업무를 수행해야 할 담당자가 정해졌음에도 불구하고 어쩌다 보니 누락하는 경우도 있고, 상황에 따라 해당 개선과제 수행 여부를 확인·점검하지 않고 지나치는 경우가 발생하기도 합니다. 이 때문에 회의를 해도 상담품질과 관련하여 개선되지 않는 경우가 많죠.

    이외에도 매주마다 운영회의나 상담품질 개선회의를 진행하다 보면 다양한 유형의 운영보고서나 상담품질 관련 보고서를 리뷰하게 되는데, 해당 보고서나 보고를 하는 사람이 사용하는 용어를 보면 해당 활동이 진행될 가능성이 있는지 여부를 금방 눈치챌 수 있습니다.

    해당 보고자가 쓰는 용어 중 '강화', '고도화', '제고', '활성화', '최소화'가 많이 들어갈수록 실행에 옮길 가능성이 낮거나 거의 제로에 가깝습니다. 왜냐하면 위에 나열한 용어는 대부분 기준이나 목표가 불분명하고 추상적이어서 그만큼 팀이나 담당자들이 실행하지 않을 가능성이 높기 때문입니다. 구체적이지 않은 추상적인 개선과제나 계획이 실행으로 이어질 확률이 낮다는 것은 정량화되지 않았다는 의미이고, 숫자로 구체화되지 않으면 좀처럼 움직일 가능성이 낮고 목표가 부정확할 가능성이 높으며, 이는 결국 고객센터의 자원을 낭비하는 결과를 초래할 것입니다.

예를 들어 우리가 돈을 모으겠다는 목표를 세웠으면 단순히 "올해부터는 돈을 많이 모아서 부자가 되겠다."고 하면 절대 부자가 될 수가 없다는 것을 여러분들도 잘 아실 것이라 생각합니다. 목표가 구체적이고 정량화되어야 이루어질 가능성이 높습니다. 예를 들어 "올해 12월 31일까지 내 ISA통장에 1,000만 원을 모으겠다."고 구체적인 목표를 수립하는 것이죠.

그다음으로 목표로 하는 해당 금액을 모으기 위한 활동을 구체화하는 것입니다. 예를 들어 급여의 일정 부분을 적립식 형태로 80만 원을 주식이나 EFT에 투자하고 외식으로 나가는 비용을 최소화하기 위해 외식은 월 단위 1회로 제한하며, 지각하면 택시를 타던 비용을 줄이기 위해 6시에 기상한다는 등의 계획을 세우는 것입니다. 그리고 주말이나 기타 시간을 이용해 파트 타임업무를 통해 부가적인 수입을 거둬들이고 이를 이자율이 높은 은행에 단기간 거치시키겠다는 구체적인 계획과 기간, 액수를 정해서 움직여야 목표에 도달할 가능성이 높아집니다.

따라서 고객센터에서 상담품질 향상을 위해 어떤 활동을 계획하고 있다면 절대 추상적인 목표가 아닌 구체적이고 실행 가능한 목표를 정해야 합니다. 실제로 말로만 일하는 사람들이 자주 쓰는 보고서를 보면 몇 년이 지나도록 동일한 내용이 반복되는 것을 볼 수 있습니다. 작년에 했던 내용이나 계획이 변함없이 올해에도 동일하게 빈칸을 채우고 나면 아무런 개선활동이 일어나지 않습니다. 이러한 행위는 단순히 고객센터에서 본인이 수행하는 업무에만 국한되는 것이 아니라 전체 인생에서도 그러한 방향성을 가지고 움직일 가능성이 높습니다.

따라서 고객센터에서 상담품질과 관련하여 개선과제를 실행에 옮기려면 말도 안 되는 '강화', '제고'라는 뜬구름 잡는 용어보다는 구체적인 개선과제와 함께 수행할 시기와 횟수, 기간, 대상자, 수행 방법, 수행 여부 등을 구체화하고 정량화하는 작업이 선행되어야 합니다. 개선과제는 구체적이고 누구나 쉽게 이해할 수 있도록 설정되어야 실행의 동력이 됨은 물론 목표에 도달할 가능성이 커집니다. 따라서 개선과제를 설정할 때는 구체적이고(Specific), 측정 가능하고(Measurable), 도달 가능하며(Achievable), 해당 개선과제나 목표와 연관되어야 하고(Relevant), 구체적으로 기간이 정해져야(Time bound) 합니다.

이와 함께 고객센터 상담품질을 개선하기 위해 수립된 과제들은 반드시 목록화(Checklist)하여 지속적으로 실행에 옮겨야 하며, 무엇보다 해당 활동이 제대로 수행되고 있는지 모니터링과 함께 이행 여부를 점검해야 합니다. 말은 누구나 쉽게 하지만 행동이나 구체적인 활동이 병행되지 않으면 개선은 되지도 않을뿐더러 유무형의 고객센터 자원을 낭비하는 결과를 초래하므로 주의가 필요합니다.

　고객센터에서 상담품질을 개선하기 위해서는 개선과제를 설정해야 한다고 설명했는데, 이때 가장 먼저 선행되어야 하는 것은 구체적으로 달성하고자 하는 목표가 무엇인지를 고려해야 한다는 점입니다. 상담품질 향상을 통해 도달하고자 하는 바가 명확해지면 이를 구체화하기 위한 시스템이나 프로세스는 물론 실행전략이 도출되며, 이와 관련하여 상담품질 개선과 관련한 운영 데이터나 성과지표와 함께 이를 구체적으로 측정하기 위한 방식을 찾을 수 있습니다.

　예를 들어 상담품질을 개선하기 위해서 취할 수 있는 가장 구체적인 방법이 바로 QA모니터링인데, 고객만족이나 긍정적인 고객경험관리를 위해 필요한 요소들을 지표화하거나 데이터로 축적하는 활동이 병행되어야 합니다. 이를 근거로 모니터링 방법, 시기, 고객 체감만족도 평가, 각 평가영역별 배점은 물론 평가 결과에 따라서 상담직원을 대상으로 코칭 및 교육 대상을 설정할 수 있습니다.

　그뿐만 아니라 모니터링을 통해 달성하려는 목표를 구체화해야 합니다. 예를 들어 고객만족이나 긍정적인 고객경험관리를 위해 필요한 요소들을 지표화하거나 데이터로 축적하는 것이죠. 첫 번째 콜 해결율(FCR)이나 오상담 및 오안내률 또는 친절한 설명, 구체적이고 명확한 문제 해결, 신속한 정보 제공 등이 모니터링 평가항목은 물론 데이터로 축적되어 상담품질 개선을 위해 필요한 데이터로 활용하고 이를 평가항목에 반영하는 것입니다.

　위에서 설명한 상담품질을 개선시키기 위한 지표화 또는 데이터 축적 및 분석을 통해서 상담직원을 대상으로 이루어져야 하는 교육이나 훈련은 물론 프로세스 개선, 기업의 규정이나 정책 등의 개선을 통해서 상담품질을 향상시킬 수 있습니다.

상담품질을 개선하기 위한 활동은 계획과 활동뿐만이 아닌 활동 후 제대로 이행되고 있는지 여부를 모니터링하고 이에 대한 이행 여부를 확인함과 동시에 피드백을 주는 것이 중요합니다. 필자가 현장에 있을 때 가장 많이 활용했던 방법 중에 하나가 바로 이행점검회의였습니다. 말 그대로 고객센터에서 해야 할 일들에 대해서 담당자들이 수행을 하고 있는지 여부를 점검하고 모니터링하는 회의였습니다.

먼저 담당자들이 보고서에 이슈가 되는 문제와 관련하여 수행해야 할 일들을 발표하거나 회의에서 나온 개선과제를 특정 담당자에게 지시 또는 일임하면 해당 내용을 이행해야 할 과제로 상정합니다. 이때 회의를 지원하는 직원이나 관리자는 이러한 내용들을 정리하는데, 수행해야 할 과제와 개선점, 그리고 구체적인 시행일자와 완료일자는 물론 완료 여부, 담당자나 담당팀을 한눈에 볼 수 있도록 파일로 정리합니다.

이렇게 파일로 정리하여 운영회의 또는 이행점검회의를 시작하기 전에 화면에 띄워서 이행 여부를 점검하는 것입니다. 이행 여부는 수시로 최고관리자에게 보고하여 이행 여부를 점검받는데, 이를 확인 후에 해당 개선과제가 진행 중인지 완료된 사안인지를 확인합니다. 관리자에게 보고되지 않거나 완료되지 않은 개선과제는 계속해서 '미완료 상태'로 남아 있으므로 해당 개선과제를 반드시 수행하지 않을 수 없게 됩니다.

다음 표는 이행 여부 점검 양식으로, 고객센터를 운영하면서 반드시 수행해야 하는 상담품질 개선 과제를 놓치지 않고 수행할 수 있도록 돕습니다. 상담품질 개선과 관련하여 반드시 이행이 필요한 내용을 재점검하고 수 행여부를 판단하는 자료로 활용하는 동시에, 형식 자체가 보고서가 될 수 있어 고객센터 전체의 운영 현황을 한눈에 조망할 수 있는 이점을 제공합니다.

이러한 개선과제 이행 여부 점검을 통해 상담품질 개선 정도를 확인할 수 있으며, 담당 부서나 담당자의 성과평가가 주먹구구식으로 이루어지는 것이 아닌 개선과제 실행 여부 및 개선 정도에 따라 공정하게 그리고 명확하게 이루어질 수 있습니다. 따라서 성과 또는 인사 평가에 따른 불공정 논란을 잠재우고 성과관리 체계 및 시스템에 대한 수용성을 높일 수 있습니다.

상담품질 개선을 위한 이행여부 점검 양식

총 개선과제	___ 건	완료	___ 건	진행중인 건수	___ 건
				미완료	___ 건
개선과제 및 지시사항	담당 부서 /담당자	완료/ 완료예정일	완료 여부	진행 경과	
고객응대 스크립트 개선	○○○	4.20	진행 중	업무별 오상담, 오안내 요인 분석 중	
불만유발 직원 1:1코칭	○○○	4.25	완료	녹취콜 청취 및 개선 포인트 위주 코칭	
QA평가 부진 항목 분석	○○○	4.17	진행 중	근속에 따른 호응 / 경청 부진 사유 파악 중	
미사용 코드 수정 및 삭제	○○○	4.12	미완료	관련 부서 및 직원 대상 의견 수렴 어려움	
고객불만응대 기법 교육	○○○	4.7	완료	전 직원 대상 4차수 응대 기법 교육 진행	

06

텍스트 중심의 고객응대로의 전환과
채팅상담의 문제점

기술의 비약적인 발전으로 인해서 챗봇(Chatbot)이나 ChatGPT가 등장함에 따라 단순한 지식이나 정보를 제공하는 것을 뛰어넘어 인간이 제공하는 서비스 이상의 것도 제공할 것으로 예상됩니다. 그렇지만 고차원적인 문제나 복잡한 고객의 불만이나 감성을 필요로 하는 서비스에서는 여전히 상담직원이 갖고 있는 역량을 뛰어넘기는 힘들다고 생각합니다.

최근 고객채널이 다양화되면서 단순히 전화를 통해 고객을 응대하는 것에서 벗어나 텍스트를 중심으로 고객서비스는 물론 고객에게 필요한 지식이나 정보를 제공하고 심지어 문제를 해결해 주는 비중이 점차 증가하고 있습니다. 특히 채팅이나 이메일 같은 고객채널의 활용이 일상화되면서 고객센터에서도 해당 채널을 이용한 응대가 활발하게 이루어지고 있습니다.

무엇보다 채팅상담의 경우 고객 입장에서 불필요한 이용 절차 없이 바로 이용할 수 있는 편의성과 접근성 그리고 연결 신속성이 뛰어나고, 고객센터 측면에서는 업무효율성은 물론 상담직원의 감정노동 수행에 따른 스트레스가 감소하는 등의 이점이 있어 활용도가 높습니다. 무엇보다 채팅상담에 따른 다양한 데이터 확보가 가능해 객관적인 성과 측정이 가능하다는 점도 무시할 수 없습니다.

이와 같이 텍스트를 중심으로 한 고객의 문의는 많아지고 다양한 이점이 제공되지만, 기존 전화를 통한 응대만큼이나 체계적인 지원이 이루어지지 않고 있습니다. 또한 해당 고객채널에 대한 품질 향상을 생각지 못하는 경우가 많아 품질기준이 부재하거나 미흡합니다. 이번 장에서는 채팅상담 응대 및 모니터링 관련 문제점에 대해서 알아보도록 하겠습니다.

먼저 채팅상담과 관련한 전략이나 체계는 물론 구체적인 계획이나 수행 방법이 마련되어 있지 않다는 점입니다. 고객접점의 창구로서 전화는 물론 최근에 채팅을 통해 응대하는 경우가 늘어나고 있음에도 불구하고 전화만큼 체계적으로 지원되지 않는 경우가 많습니다. 아무래도 아직까지 전화 비중이 높은 이유도 있겠지만, 대처 방법을 모르거나 대응체계가 마련되지 못한 것이 주요 원인으로 작용합니다. 여전히 텍스트를 통한 응대를 할 때 대응 체계나 지침은 물론 품질 기준이 전화를 통한 응대 체계나 기준만큼이나 명확하지 않은 것은 분명 문제라고 할 수 있습니다.

상황이 이러함에도 불구하고 고객센터에서는 채팅은 물론 해당 채널 관련 응대 체계나 구체적인 계획과 수행 방법을 마련하지 않고 수수방관하고 있는 것은 바람직하지 않습니다. 여건상 전화를 하지 못하는 고객도 많고 최근 타인과 통화하는 것을 굉장히 힘들어하는 전화 공포증(Call phobia)을 가진 MZ세대도 늘어나고 있는 상황에서 단순히 전화만으로 고객과 응대하는 데는 한계가 있습니다. 따라서 채팅을 포함한 고객응대 채널을 통해 전략이나 체계를 수립하고 이를 고객응대를 위한 품질 향상과 연동시키는 노력이 필요합니다.

다음으로 대응 체계나 전략 및 지침이 명확하지 않으니 이를 측정하고자 할 때 필요한 품질기준은 물론 성과지표 또한 명확하지 않다는 것입니다. 예를 들어 채팅이나 게시판에 올라온 글은 언제까지 답변해야 하는지에 대한 서비스레벨이 별도로 정해지지 않다는 것이 대표적입니다. 단순히 다른 고객센터의 상황이 아닌 자사 고객센터의 상황 및 고객채널 도구의 특성을 고려해야 함에도 불구하고, 자사 특성에 맞는 성과지표나 환경이 마련되지 않은 것은 문제라고 할 수 있습니다.

이외에도 오상담이나 오안내 또는 잘못된 링크를 보냈을 경우 이를 평가하는 기준이 없을뿐더러 경어 외 오해를 불러일으킬 수 있는 단어나 표현에 대한 평가 기준 또는 중의적으로 해석될 수 있는 표현 사용 여부를 체크하지 않는 경우도 있습니다. 물론 근속 기간이 오래된 직원이 배치되거나 전문 담당직원이 해당 업무를 수행하면 기본적으로 고객의 질문이나 응대 내용에 있어 오상담이나 오안내가 있을 확률은 현저히 줄어들지만, 그렇지 않은 경우 위에서 언급한 내용 외에도 고객에 대한 배려가 묻어나는 내용 전개가 미흡하거나 고객의 진의나 니즈를 파악하지 않고 응대하는 등의 문제가 발생할 수 있습니다.

이와 함께 고객센터에서 고객응대 채널에 대한 모니터링은 물론 제대로 된 평가가 이루어지지 않고 있다는 사실입니다. 아시다시피 고객응대 채널의 품질 향상을 위해서는 각 채널에 맞는 모니터링과 평가가 이루어져야 하는데, 대부분 고객의 문의에 신속하게 답변하는 것을 최고로 여기기 때문에 이에 대한 모니터링이나 평가가 제대로 이루어지지 않거나 혹은 비정기적으로 이루어진다는 것은 문제라고 생각합니다. 심지어 관리자나 평가자(QA)가 바쁘다는 핑계로 채팅을 통해서 고객에게 전달되는 내용을 실시간 모니터링하지 않거나 고객센터에서 제공된 두루뭉술한 템플릿을 활용하는 선에서 고객을 응대하는 것은 분명 문제가 있어 보입니다. 이렇게 관리자가 너무 바쁘면 사전 검토는 물론 실시간 모니터링을 진행하기 어려워 이로 인해 잘못 응대할 경우 또 다른 문제를 야기할 수 있음을 상기해야 합니다.

다음으로 해당 업무를 수행하는 관리자나 직원들을 대상으로 충분한 교육이나 훈련이 이루어지지 않고 있다는 점입니다. 우리나라 고객은 성격이 급한 편이어서 신속하고 정확한 정보를 제공하거나 문제해결을 요구하는 경우가 많은데, 채팅상담을 하다 보면 불필요한 미사여구가 너무 많은 것을 볼 수 있습니다. 전화를 통한 응대에서 나오는 버릇이나 습관에 영향을 받은 것인지 모르겠지만 불필요한 표현들이 너무 많아 고객 입장에서 얻고자 하는 정보나 핵심 내용에 대한 가독성이 떨어지는 경우가 흔히 발생됩니다. 전화의 경우 잘못 안내되었을 경우 정정이 비교적 쉬운 반면, 채팅의 경우 텍스트로 이루어지기에 오안내 또는 의도하지 않은 내용이 안내되었을 경우 이를 정정하기란 쉽지 않습니다.

이러한 문제를 개선하고 예방하기 위해 다양한 교육이나 훈련을 하고 있다고는 하지만, 상담에 필요한 상품이나 서비스 중심의 응대가 대부분입니다. 실제로 고객응대 채널의 특성을 고려한 작성기술이나 고객의 질문의 의도를 제대로 파악하고 적절하게 답변하는 방법은 물론 고객응대 시 적절한 용어나 표현 사용하기 등 응대품질을 향상시키기 위한 구체적인 교육이나 훈련이 이루어지지 않고 있는 실정입니다. 다양한 고객응대 채널이 있지만 대부분 텍스트 형태로 이루어지기 때문에 읽기, 쓰기와 관련된 스킬은 반드시 진행되어야 합니다.

예를 들어 읽기 스킬의 경우 고객이 보내온 내용을 읽고 의도를 빨리 파악하거나 상황에 맞게 적절하게 공감하는 방법이 포함되어야 할 것입니다. 또한 쓰기와 관련해서는 짧고 간결하게 핵심 내용 전달하기나 허용되는 표현 및 단어는 물론 작성 시 절대 하지 말아야 할 것들에 대해서 교육이나 훈련이 이루어져야 하는 것이죠.

특히 실시간으로 소통이 이루어지는 채팅의 경우, 채널의 속성상 일단 보내고 나면 돌이킬 수 없는 점 때문에 특히 주의가 필요가 필요하다는 점을 잘 알고 있을 겁니다. 이와 함께 고객응대 채널의 특성을 고려한 작성 스킬을 향상시키기 위한 프로그램이나 지원이 미흡하거나 부재한 경우도 문제라고 생각합니다. 이와 관련해서는 다음 장에서 자세히 설명하도록 하겠습니다.

뿐만 아니라 전문성이 요구되는 응대임에도 불구하고 전문성이 있는 전담직원을 투입하는 것이 아니라 일반 상담직원이 채팅상담을 겸임하는 경우가 많습니다. 물론 고객채널로 인입되는 고객 문의가 적으면 어쩔 수 없지만, 비교적 양이 많은 고객센터는 전담직원을 배치하여 가동률을 높이거나 평준화를 유지하는 것이 중요합니다.

특히 채팅의 경우, 다른 채널과 마찬가지로 신속하고 정확한 답변이 핵심이므로 전담직원을 투입하여야 좀 더 체계적인 응대가 이루어질 수 있습니다. 일반 상담직원이 겸임하는 응대의 경우, 응대의 일관성이 저하되거나 상담품질의 평준화가 이루어지기 어렵기 때문입니다. 고객센터의 일반적인 업무에 대한 응대는 오류 없이 이루어질 수 있으나 채팅 시 요구되는 기술이나 지침 및 규정은 물론 작성법과 관련한 내용은 아무리 유의한다고 해도 잘못된 응대가 이루어질 가능성이 있다는 것이죠.

이외에도 업무에 집중할 수 없기 때문에 채팅 과정에서 맥락을 이해하지 못해서 의도하지 않은 사과를 하기도 하고, 엉뚱한 답변을 하여 오상담이나 오안내를 하는 경우가 발생할 수 있습니다. 이렇게 채팅에 집중할 수 없는 상황이 지속되다 보면 고객은 불편을 겪을 수밖에 없고 다른 채널을 통해 문제를 해결하려고 할 것입니다. 단순히 템플릿을 이용하는 수준이라면 위험성이 낮겠지만, 그렇지 않을 경우 오류 발생으로 인한 상담품질 저하가 우려되므로 주의가 요구됩니다.

최근에는 전화뿐 아니라 채팅상담이 주요 소통채널로 각광받으면서 전담직원을 투입하고 챗봇(Chatbot)과 채팅상담 운영을 병행하는 하이브리드 형태의 운영을 통해 효율성 및 연결 신속성을 향상시키고 있습니다. 챗봇 대화를 통해 상담을 하고 추가적인 도움이 필요할 경우 전문 상담사를 연결하는 것도 한 가지 방법입니다. 이와 같이 채팅상담의 비중이 증가하면서 채팅 전문상담사에 대한 수요도 증가하고 있는 상황임을 감안할 때, 제대로 된 역량과 자질을 갖춘 전담직원을 갖추는 것이 바람직하겠습니다.

07

체계적인 채팅상담 운영을 위해
지금 당장 개선해야 할 것들

음성 중심의 고객응대에서 점차적으로 텍스트 중심의 고객응대 비중이 증가하면서 채팅상담에 대한 체계적인 운영의 중요성은 아무리 강조해도 지나치지 않습니다. 이번 장에서는 채팅상담과 관련하여 앞에서 언급한 문제를 개선하는 방법에 대해서 알아보도록 하겠습니다. 채팅상담과 관련한 문제점을 개선하기 위해서는 다양한 접근이 필요하겠지만, 이번에는 실무적인 측면에서 가장 필요한 내용만을 정리해서 설명하겠습니다.

위에서 필자는 채팅상담과 관련하여 음성을 통한 상담품질과 달리 체계적인 전력이나 지원이 이루어지지 않고 있다고 하였습니다. 아무래도 음성보다는 텍스트를 통한 고객과의 소통이 활성화된 시기가 짧은 이유도 있겠지만, 아직까지 음성 중심의 고객센터 운영이 주를 이루고 있기 때문이 아닐까 싶습니다. 그렇지만 시간이 흐를수록 스마트폰으로 인한 모바일 접점의 확대와 콜 포비아와 같은 사회 현상으로 인해 텍스트를 중심으로 한 고객 상담서비스가 일반화되면서 지금과는 다른 방향으로 채팅상담이 이루어질 것으로 예상됩니다.

따라서 효과적이고 체계적인 채팅상담을 위해서는 채팅상담에 대한 운영전략 및 체계를 갖추는 것이 선행되어야 합니다. 채팅상담을 통해서 달성하고자 하는 목표가 무엇이고 어떠한 방향을 가지고 운영할 것인가를 명확히 해야 합니다. 만일 전략이나 체계 없이 채팅상담을 운영한다면, 자원낭비는 물론 잘못된 고객 상담서비스가 이루어질 수 있기 때문입니다. 따라서 채팅상담과 관련한 주요 업무범위나 적정 투입인원 산정 절차, 그리고 채용 및 선발 기준이나 교육 및 훈련과 함께 주요 성과지표를 마련해야 합니다. 전화 응대 과정에서 콜이 폭주(Peaktime)하거나 콜이 감소 또는 없을 경우(Idle time)에 어떻게 운영해야 하는지에 대한 전략이 마련될 필요성이 있습니다.

이를 위해서는 내부적인 진단이 필요합니다. 예를 들어 정량적인 것과 정성적인 것을 구분하여 진행하는 것인데, 채팅 관련 데이터나 내부적으로 관리되는 자료, 센터 운영보고, 내부 직원 인터뷰, 채팅상담과 관련한 자료를 분석하고 이를 근거로 위에서 언급한 적정 투입인력 및 운영전략을 수립하거나 주요 이슈와 관련하여 운영 개선안을 도출하는 것이죠. 이와 같은 과정을 거쳐 채팅상담과 관련한 체계적인 운영을 통해 고객센터에서 목표하는 바를 달성할 수 있습니다.

다음으로 채팅상담에 있어 중요한 것은 업무 수행에 필요한 역량을 제대로 갖춘 직원을 투입하는 것입니다. 채팅상담에 있어 가장 핵심이라고 할 수 있는 능력은 문장을 통해서 니즈를 빠르게 파악하는 능력과 적합한 언어 구사를 포함한 문장력, 그리고 문제 해결을 포함한 고객 대응력이라고 할 수 있습니다. 이러한 능력은 하루아침에 이루어지는 것이 아니라 부단한 노력과 경험이 수반되어야 가능한 일이므로 단순히 전화상담을 하는 직원을 투입하는 것보다는 앞장에서 언급한 대로 전담직원을 배치하는 것이 바람직합니다.

설령 유휴시간(Idle time)이 있다고 하더라도 전담직원을 배치해야만 일관되고 체계적인 응대가 가능합니다. 겸임을 하는 경우 오히려 채팅업무에 집중하지 못해 오상담이나 오안내가 발생할 가능성이 높고, 이렇게 될 경우 고객 입장에서는 다른 채널을 이용해서 문제를 해결하려고 하기 때문에 만족도가 저하되고 부정적인 고객경험이 발생될 수 있습니다. 고객센터 입장에서는 불필요한 비용이 추가되어 효율성 저하 등의 문제가 발생하게 됩니다.

따라서 제대로 된 역량을 갖춘 전담직원의 투입이 중요한데, 이를 위해 채팅상담에 대한 이해는 물론 글을 읽고 쓰는 문식력과 글을 짓는 능력인 문장력을 갖춘 직원을 선발해야 합니다. 흔히 말하는 채팅에 필요한 어휘력(단어나 표현 등)과 문장 센스는 물론 고객의 질문에 대해 핵심 내용 또는 니즈를 정확히 파악하고 답변할 수 있는 역량을 갖춘 직원을 채용 · 선발하는 것이 선행되어야 합니다. 여기서 주의하여야 할 것은 말하는 것과 글을 쓰는 것은 다르기 때문에 음성을 통해 고객상담을 잘하는 직원을 채팅상담에 투입하거나 겸임하도록 하는 것은 가급적 지양해야 한다는 점입니다.

이와 관련하여 대면면접을 진행하기 전에 채팅을 통해 채팅에 대한 해당 지원자의 기본 태도나 자세를 파악하는 것도 한 가지 방법입니다. 이를 통해 평상시에 지원자가 쓰는 어투나 용어 및 표현 등에 부적절한 것은 없는지도 확인할 수 있습니다. 그리고 어떤 상황을 주고 해당 상황에서 지원자가 취하는 자세나 생각을 텍스트를 통해서 알아보는 것도 좋습니다. 또한 설득이나 논리가 필요한 상황을 주고 어떠한 방식으로 해결해 나가는지를 평가해 보는 것도 중요합니다.

이와 함께 투입된 직원에 대한 체계적인 교육 및 훈련이 이루어져야 합니다. 채팅상담도 고객과의 공식적인 소통이기 때문에 기본적으로 지켜야 할 예의나 태도는 물론, 하지 말아야 할 행동이나 자세가 있다면 이를 구체화해서 교육이나 훈련에 녹여 내는 노력이 필요합니다. 채팅상담은 고객의 의도를 빠르게 이해하여 그에 맞는 지식이나 정보를 제공하고 문제를 해결해 주는 것이 가장 큰 목적이라고 할 수 있으며, 이와 함께 친근하고 편안한 느낌을 전달해 긍정적인 고객경험을 제공하는 것이라고 할 수 있습니다.

따라서 해당 목적에 맞는 교육과 훈련이 지속적으로 반복되어야 우수한 상담품질이 유지될 수 있습니다. 예를 들어 채팅상담은 한번 전송하고 나면 근거를 남기기 때문에 단어나 표현 사용에 좀 더 신중해야 합니다. 또한 채팅을 진행하는 과정에서 텍스트를 보고 감정이 전달되기도 하기 때문에 모호하거나 추상적인 표현 또는 오해나 중의적으로 해석될 수 있는 표현은 가급적 하지 말아야 합니다.

이와 같이 채팅상담에 필요한 표현이나 전달 방법에 대한 내용이 포함된 기본적인 교육은 물론 채팅상담에 사용하는 문어체와 구어체를 혼용해서 사용하는 방법이나 짧고 간단하게 답변하는 방법 또는 호응이나 경청하는 법, 고객의 의도를 파악하거나 자신이나 고객센터에서 의도하는 내용을 효과적으로 전달하는 법 등에 대한 교육이 체계적으로 이루어져야 현장에서 우수한 상담품질이 유지될 수 있습니다.

무엇보다 채팅상담을 진행하는 과정에서 발생할 수 있는 비상상황에 대한 대응 관련 지침 교육이 이루어지면 체계적으로 위험관리가 가능해집니다. 이외에 채팅상담과 관련된 작성 스킬과 관련한 자격증을 취득하게 하거나 주기적으로 업무 관련 기사나 좋은 글을 필사하는 등의 프로그램을 통해 문식력과 문장력을 향상시키도록 도와야 합니다.

다음으로 채팅상담과 관련한 상담품질 향상을 위해서는 기존에 전화응대와 같이 모니터링 평가는 물론 주기적인 코칭 피드백을 진행하여야 합니다. 채팅상담과 관련해 이루어진 교육이나 훈련이 제대로 현장에서 반영되어 이루어지고 있는지에 대한 것은 물론, 오상담이나 오안내 없이 제대로 전달되고 있는지 여부를 모니터링하고 만약 문제가 발생한다면 이에 대한 체계적인 코칭이나 피드백이 이루어져야 합니다.

모니터링 평가 항목을 설정하기 위해서는 목표 설정은 물론 평가와 관련한 가이드라인 마련이 선행되어야 합니다. 채팅상담을 통해서 달성하려는 목표와 목적은 무엇이고 고객만족이나 만족할 만한 긍정적인 고객경험 요소는 무엇인지를 파악해야 합니다. 이를 통해 구체적인 채팅상담 평가항목을 설정할 수 있습니다.

이와 같이 채팅상담과 관련한 평가항목을 마련하고 나면 이에 대한 세부 평가기준을 마련하고 이를 근거로 채팅상담 모니터링 평가를 진행하면 됩니다. 여기서 주의할 것은 고객센터 환경이나 수행하는 업무에 따라 항목이 달라지므로 고객센터 특성에 맞게 맞춤화하는 과정이 반드시 필요하다는 점입니다.

일반적으로 어느 고객센터이건 고객을 응대할 때는 신속하고 정확한 응대가 기본적으로 이루어져야 하므로 해당 항목은 반드시 평가요소에 포함되어야 하며, 최근에는 감성적인 응대에 대한 필요성이 강조되고 있으므로 감성적인 고객응대의 핵심이라고 할 수 있는 공감 및 호응도 평가요소에 포함되어야 합니다. 이외에도 채팅상담을 진행하는 과정에서 반드시 갖추어야 할 태도나 자세도 평가항목에 포함되어야 합니다. 예를 들어 고객상담을 하기 전 첫인사는 물론 소속이나 성명을 밝히는 것은 기본이고, 적절한 기호나 이모티콘 활용을 통해 감정적인 느낌을 전달하는 것이 아닌 너무 과도할 정도로 활용하여 고객으로 하여금 불편함을 주지는 않았는지 여부를 모니터링하는 것입니다.

이외에도 채팅상담을 방해하는 요소들은 없는지 여부도 모니터링 항목에 포함하는 것이 바람직합니다. 예를 들어 채팅상담을 하는 과정에서 동영상이나 음악을 듣는 등 상담에 집중하지 못하는 환경에 있거나 간단하게 안내할 수 있는 내용을 너무 장황하게 설명하거나 과도한 미사여구를 통해 전달력을 방해하는 요소는 없는지를 평가하는 것입니다. 또한 고객과 채팅상담을 진행하는 과정에서 불필요한 언쟁을 하거나 감정적인 표현을 자주 활용하고 있지는 여부 또는 고객의 채팅에 대한 반응시간이나 속도가 너무 느려 고객으로 하여금 오해를 불러일으키지는 않는지 여부도 모니터링하고 평가할 필요가 있습니다.

이러한 평가 결과를 근거로 채팅상담직원을 대상으로 코칭 및 피드백을 진행하여야 합니다. 국내에는 아직까지 채팅상담과 관련하여 제대로 된 코칭이나 피드백이 진행되는 경우가 많지 않습니다. 그럼에도 불구하고 코칭 피드백은 구체적이고 객관적인 사실과 근거를 가지고 이루어져야 효과를 발휘할 수 있습니다. 성과에 대한 코칭이나 피드백은 채팅상담 솔루션을 통해 나오는 다양한 데이터와 통계자료를 근거로 이루어져야 합니다.

예를 들어 기간별 실적 현황은 물론 기준별 처리건, 전체 처리시간, 기준별 총처리시간, 포기건 및 처리건 등을 분석하고 그래프를 통한 시각화를 통해 제대로 된 코칭이 이루어져야 기대하는 성과관리가 이루어질 수 있습니다. 이때 단순하게 시각화된 자료로 코칭 및 피드백을 진행하기보다는 메트릭스 분석을 통해서 직관적으로 느끼고 생각할 수 있도록 해 주는 것이 도움이 됩니다. 이와 관련하여 보통 채팅상담 솔루션에서 제공되는 데이터나 시각화된 보고서를 제공하는 것은 업체마다 다르므로 솔루션 도입 시 고객센터 상황에 맞게끔 맞춤화 작업이 이루어져야 합니다.

또한 상담품질과 관련해서는 오상담 및 오안내가 없었는지 여부를 파악하여 전달력에 대한 평가를 진행하는데, 이때 가장 기본적이며 중요한 것은 문장력과 고객대응 능력 그리고 채팅상담 관련 자세와 태도 그리고 주요 지침 이행 여부입니다. 따라서 이에 대한 평가를 객관화하여 이를 근거로 코칭 및 피드백이 이루어질 수 있도록 해야 합니다.

실무적인 관점에서 채팅상담의 개선을 위해 당장 시급한 내용들을 중심으로 설명했지만, 무엇보다 중요한 것은 고객센터 관리자 또한 제대로 된 역량을 갖추고 채팅상담을 관리하여야 한다는 사실입니다. 음성을 통한 유선상담에 대한 지식이나 정보 및 경험만을 바탕으로 채팅상담을 관리한다면 분명 문제가 발생하게 마련입니다.

따라서 채팅상담에 대한 다양한 지식이나 정보는 물론 운영과 관련한 역량을 향상시키기 위해 노력해야 합니다. 다시 말해, 채팅상담과 관련한 주요 지침, 성과관리 지표를 포함한 운영체계나 프로세스, 시스템은 물론 인적자원을 어떻게 양성하고 체계적으로 관리해야 하는지를 명확하게 알아야 한다는 것입니다. 관리자가 채팅상담에 대해서 잘 모르고 있으면 고객응대에 있어서 한 축이 되는 채팅채널이 제대로 운영될 수 없을 것입니다.

08

채팅상담 주요 평가항목 및
모니터링 평가

우리는 앞장에서 채팅상담과 관련한 문제점을 실무 관점에서 살펴보았습니다. 채팅상담과 관련한 기술적인 부분은 갈수록 발전을 거듭하고 있음에도 불구하고 아직 국내에서는 채팅상담에 대한 구체적인 지침이나 체계가 없다 보니 혼선이 많은 것 같습니다. 그러나 최근 코로나로 인하여 유선상담보다 채팅상담 인원수를 확대하려는 센터가 늘어나고 있는 추세이고, 무엇보다 MZ세대의 등장 및 접근성이 전화응대보다는 우세하다는 장점 등으로 인해 채팅상담에 대한 수요는 갈수록 늘어날 전망입니다.

이렇게 고객센터에서 채팅상담의 중요성이 갈수록 증가함에 따라 이에 대한 체계적인 운영 및 관리가 무엇보다 절실해졌습니다. 따라서 채팅상담 운영 및 관리를 위해 모니터링 평가가 중요한 관리활동이 되었고, 이를 체계화하기 위해 각 고객센터에서도 다양한 노력을 경주하고 있습니다. 그러나 위에서 언급한 바와 같이 아직 국내에는 채팅상담에 대한 구체적인 운영전략이나 지침을 가지고 운영되는 곳이 많지도 않을뿐더러 이에 대한 노하우나 경험을 가진 전문가가 없다 보니 대부분 다른 업체들의 잘못된 정보나 왜곡된 시각에 의존하는 경우가 많습니다.

따라서 이번 장에서는 채팅상담과 관련하여 상담품질 개선을 위한 주요 프로세스와 평가항목에 대해서 알아보고, 채팅상담 상담품질 개선과 관련하여 기본적으로 알고 있어야 할 내용들을 간략히 정리하여 설명하도록 하겠습니다.

먼저 채팅상담 모니터링은 평가도 중요하지만, 채팅상담을 통해 긍정적인 고객경험관리 제공은 물론 상담품질의 일관성 유지를 위해 해당 고객센터의 채팅상담과 관련하여 개선 또는 보완해야 할 사항들을 점검하는 차원에서 이루어져야 한다는 점을 반드시 기억해야 합니다. 일반적으로 채팅상담 품질관리와 관련하여 선행되어야 할 것은 채팅상담과 관련한 절차를 마련하는 것이라고 할 수 있습니다. 보통 채팅상담 상담품질 개선 체계는 계획(Plan), 실행(Do), 평가(Check), 개선(Action)의 사이클을 통해 이루어지는 것이 일반적입니다. 이미 필자는 전화상담을 통한 상담품질 개선 프로세스에서도 이 기법을 통해 지속적으로 상담품질을 개선할 수 있음을 강조한 바 있습니다.

고객센터에서 채팅상담 상담품질을 향상시키기 위한 프로세스도 기존의 전화상담과 다를 바 없으나 중요한 것은 어떤 기준에 근거하여 항목을 평가할 것인지를 정하는 것입니다. 채팅상담도 전화와 마찬가지로 상담품질관리를 통해 달성하고자 하는 목표나 방향성에 맞는 평가항목을 설정합니다. 즉, 평가항목을 통해 고객센터에서 달성하고자 하는 목표를 구체화한다고 이해하시면 될 것 같습니다.

다만 전화응대와는 달리 채팅은 텍스트를 통해 고객과의 커뮤니케이션이 이루어지기 때문에 채팅하는 과정에서 준수해야 할 내용이나 전달해야 하는 것들을 제대로 이행했는지 여부를 평가하는 것이 핵심이라고 할 수 있습니다. 아시다시피 채팅상담은 텍스트로 응대가 진행되기 때문에 전화를 통한 응대보다는 다양한 제약이 따릅니다. 따라서 평가항목을 세부적으로 나누어 평가를 진행하기보다는 채팅상담과 관련한 지침이나 기준을 사전에 마련하여 이를 제대로 이행하고 있는지 여부를 판단한 후 그 결과를 바탕으로 코칭 및 피드백을 진행하는 것이 바람직합니다.

그리고 앞에서 몇 차례 설명했듯 채팅상담에 있어 평가항목의 가장 핵심이 되는 것은 업무능력과 문장력입니다. 전화상담과 달리 채팅상담은 사용하는 표현이나 단어의 뉘앙스로 인해서 민원이 발생하는 경우가 많으므로 특히 문장력이 중요한 요소가 됩니다. 따라서 고객센터에서 채팅상담을 통해 달성하려고 하는 목표가 결국 신속하고 정확한 서비스 제공하는 데 있다고 한다면, 신속성과 정확한 응대를 근본으로 하는 고객 대응능력과 이를 적합한 언어 구사를 통해 구체화하는 문장력으로 대표할 수 있을 것입니다.

따라서 평가항목은 이 2가지를 가지고 세부항목이나 세부 평가 기준이 마련되어야 하는데, 아래 제시된 세부 평가 기준 외에도 채팅상담을 수행하는 과정에서 필요한 내용들이 추가됩니다. 예를 들어 상담이력 저장이나 채팅 인입 후 특정시간 내 첫 번째 답변 제시 여부,

적절하게 쉼표와 마침표 등의 구두점을 사용하는지 여부가 세부 평가 기준에 포함될 수 있습니다.

채팅상담 모니터링 평가항목 예시

채팅 평가항목	세부 항목	세부 평가 기준
업무능력	고객 질문 내용 파악	고객의 의도를 정확히 파악하고 확인하는지 여부 외
	답변의 정확성 또는 적합 여부	고객의도 파악 후 적합하게 답변했는지 여부 외
	필수 사항 준수 여부	고객정보 확인 필수 진행 외
	신속한 응대	채팅 인입 후 특정시간 내 첫 번째 답변 제시 여부 외
문장력	정확한 맞춤법	잘못 표기되거나 빠진 글자 (오자, 탈자 등) 외
	적절한 언어 표현 및 단어	쓰지 말아야 할 표현 사용 여부 외 예] ㅎㅎ, 넹, 옙, ㅋㅋ, 캬악~, 크하핫, 감사합니당 외
	완성형 문장 구사 여부	전달 내용을 중간에 그치지 않고 완성하는지 여부 외
	긴 문장 / 미사여구 사용 여부	한 문장에 17단어 이하 또는 50자 이내 작성 여부
기본 태도 / 자세	인사 및 추가 문의 (Plus one)	맞이인사 및 끝인사는 물론 추가 문의 외
	문자 전송 안내	상담 대기 고객에게 상담 대기 시간 안내 여부
	공감 및 호응	응대 과정에서 적절한 호응 여부 외
가감점	가점 항목	채팅을 통한 고객 불만 해소 외(칭찬 포함)
	감정 항목	고객불만 야기 및 감정적인 대응(욕설, 언쟁 등)외

채팅상담 평가항목에 크게 업무능력과 문장력 그리고 기본 태도 및 자세가 포함되어 있는 것을 확인할 수 있습니다. 고객센터의 목표나

업무 특성에 따라 평가항목은 다를 수 있지만 서두에서 언급한 것과 같이 가장 기본이 되는 평가항목은 업무능력과 문장력이라는 사실은 변하지 않습니다. 이외에도 채팅상담을 할 때 필요한 항목을 반영하는데, 필자의 경우 기본 태도와 자세는 물론 평가 과정에서 발생할 수 있는 사각영역의 경우 가감점 항목을 반영하였습니다.

다음으로는 평가항목과 관련하여 채팅상담에 대한 모니터링 또는 평가를 진행할 때 특히 주의하여야 할 항목에 대해서 몇 가지 알아보도록 하겠습니다. 먼저 채팅상담은 텍스트로 응대가 되기 때문에 장문으로 글을 쓰게 되면 고객 입장에서는 불편할 수밖에 없습니다. 따라서 미사여구를 사용하거나 장문의 글을 통해 고객과 소통하는 것은 고객에게 불편을 초래할 뿐 아니라 잘못된 오해 또는 이해 부족으로 인해 불만 발생은 물론 전화로 이어져 비효율이 발생하는 등의 부작용을 일으킬 수 있으므로 유의하여야 합니다.

일반적으로 한 문장에서 사용하는 단어는 15~17개가 적당하며 50자 이내에서 채팅이 이루어져야 고객이 이해하기 쉽습니다. 따라서 문장이 길어질 경우 한 화면에 모든 내용을 담기보다는 몇 차례로 나누어서 상담을 진행하는 것이 바람직하고, 앞에서 언급한 바와 같이 1문장에는 반드시 1가지 사실 또는 1가지 정보만을 담았는지 여부를 평가하여야 합니다.

또한 상황에 맞지 않은 표현이나 오자 및 탈자가 발생하지 않도록 주의하여야 하며, 문장을 전개하는 과정에서 고객이 오해하지 않도록 쉼표나 마침표와 같은 적절한 구두점이 사용되었는지에 대한 여부도 확인이 필요합니다. 이외에도 적절한 조사가 사용되었는지 여부와 고객으로 하여금 혼란을 줄 수 있는 중의적인 표현을 사용하지는 않았는지도 모니터링해야 합니다.

그뿐만 아니라 채팅상담도 전화를 통한 상담과 동일하게 하지 말아야 할 행위에 대한 지침을 마련하고 이를 지키는지 모니터링해야 합니다. 대표적인 것이 고객의 질문이나 의도를 제대로 파악하지 않은 상태에서 지레짐작으로 채팅창에 답변을 제공하는 것입니다. 오상담 또는 오안내가 이에 해당하는데, 채팅상담에 집중하지 못하거나 상담 태도에 문제가 있는 경우를 볼 수 있습니다. 이와 유사한 것 중에 고객과 상담이 이루어지고 있는 상황에서 채팅창에 상담과는 상관없는 이모티콘이나 기호, 문장 또는 기존에 복사한 내용을 남기는 행위도 있습니다. 실시간으로 이루어지는 상담인 만큼 상담 과정에서 있어서는 안 될 행위들을 사전에 정하고 이를 제대로 지키고 있는지 여부를 모니터링하는 것도 중요합니다.

이외에도 상담 대기 고객에게 상담 대기 시간을 안내하는지 여부나 완성형 문장을 구사하는지 여부 등을 모니터링하여 평가에 반영하는 것이 바람직합니다. 이 과정에서 만일 모니터링을 통해 자주 실수하거나 지켜지지 않는 지침이나 규정이 있다면, 이를 모니터링 평가에 반영하여 개선하는 것도 좋은 방법이라고 할 수 있습니다.

CHAPTER 4

무엇이든 물어보세요

QA가 현장에서 겪는 다양한 상황과 해결지침

코칭 내용을 인정하지 않고
핑계와 변명을 하는 경우

저는 ○○○센터에서 QA업무를 담당하고 있습니다. 고객센터에서 상담을 오래하다 QA로 발령을 받은 지 아직 1년이 채 안 되었는데요. 저는 유독 코칭하기 힘든 상담사 유형이 있습니다. "○○○님, 이번 평가에서는 습관적 재질문이 많이 들리더라고요."라고 한마디 했을 뿐인데, "QA님, 제 자리가 소리가 너무 작아요. 확인 한번 해 주실 수 있나요? 헤드셋을 바꿀 때 된 거 아닌가요? 언제 바꾸는지 알아봐 주실래요?"처럼 그럴 수밖에 없었다는 이유와 다른 화제로 전환하면서 인정하기보다 핑계와 변명을 하는 경우 코칭하기가 너무 어렵습니다. 처음에는 한두 번 이러다 말겠지 했지만 매달 같은 패턴을 반복하는 것을 보니 습관인 것 같은데, 이럴 때는 어떻게 코칭하는 것이 현명할까요?

✦ 이렇게 해 보세요 ◆

우선 대면 코칭을 하기 전에 코칭 대상인 상담직원과 미리 라포르(Rapport) 형성이 이루어진 상태에서 진행해야 효과를 볼 수 있습니다. 라포르가 제대로 형성되지 않은 상태에서 이루어지는 코칭은 효과도 없을뿐더러 오히려 상황을 악화시키는 요인으로 작용할 수 있기 때문에 이러한 부분에 세심하게 신경 써야 합니다.

라포르를 형성하기 위해서는 코칭 전에 미리 대면 코칭 스케줄을 공유하고 상담직원과의 친밀감 유지에 필요한 간단한 활동이 필요한데, 대표적인 것이 스몰 토크(Small talk)입니다. 본격적으로 코칭이 이루어지기 전에 가볍고 부담스럽지 않은 대화를 나누는 것이죠. 아무래도 갑작스러운 것보다 충분한 시간을 가지고 개인적인 관심사를 토대로 라포르 형성이 이루어지는 것이 좋으며, 좋은 관계가 형성된 후 상호 간에 신뢰가 이루어진 상태에서 지지해 주고 다독여 주는 칭찬 멘트를 먼저 진행한 후 개선점에 대하여 진솔하게 코칭을 진행하는 것이 좋습니다. 이때 우리가 알고 있는 샌드위치 화법을 활용하면 좋습니다.

예시

● 인정, 공감, 칭찬, 감사의 말 – 하고자 하는 말(개선 피드백) – 격려, 지지, 감사의 말

또한, 반복적으로 동일한 패턴을 보이고 있다고 하니 코칭 전날 어떤 항목을 대상으로 코칭을 진행할 예정인데 사전에 물리적인 환경(이어폰, 통화불량 등)에서의 불편한 점은 없는지 체크해 보는 것도 바람직한 방법입니다.

Case 2

개선한다고 하면서
평가 결과 아무것도 개선되지 않는 경우

저는 매달 기운이 빠지는 날이 있습니다. 그날은 바로 평가 결과가 취합되는 날이죠. 저희 센터에는 20대 중반의 아주 긍정적인 성향의 상담직원이 있는데요. 평가 결과 코칭 시 늘 긍정적으로 코칭에 임하고 피드백을 제공하면 "네네, 노력할게요! 개선해 볼게요!"라며 무조건 개선하겠다고 하면서 마무리합니다. 그런데 막상 결과를 받아 보면 아무것도 개선이 되어 있지 않습니다. 이러한 행동과 태도가 개선되지는 않고 반복되다 보니 계속 코칭을 해야 할지 회의감이 들고 고민이 됩니다. 이런 분들은 어떻게 코칭해야 개선시킬 수 있을까요?

◆ 이렇게 해 보세요

최근 MZ세대의 경우에는 무조건 개선하라는 코칭 방법보다는 먼저 잘하고 있다고 격려해 주고 실질적인 피드백을 전개하는 것이 바람직합니다. 또한 너무 많은 내용을 가지고 피드백을 진행하면서 개선을 요구하면 상담직원 입장에서는 부담을 느낄 수밖에 없습니다. 따라서 제일 개선되지 않은 문제에 대해서 하나씩 개선할 수 있도록 미션을 주고 장기적 코칭 방향 계획을 수립하는 것이 좋습니다. 하나씩 개선하면서 자존감과 성취감을 느끼게 해 주는 것이 중요하고, 무엇보다 개인적인 의견이나 추측보다는 객관적인 통계나 데이터를 가지고 구체적인 문제점이나 개선안을 가지고 접근하시는 것이 좋습니다.

또한 MZ세대의 경우 대면보다는 비대면 상황에서 좀 더 자신의 의견을 자유롭게 표현하고 편안하게 소통하는 편입니다. 따라서 코칭이나 피드백을 진행할 때 대면만을 고집하기보다는 서면이나 메신저 등을 활용한 코칭 방법을 함께 적절히 사용하면 효과적인 코칭이 될 수 있습니다.

다만 말로만 하고 지속적으로 개선이 되지 않은 직원의 경우 관리자가 계속해서 관심을 가지고 있다는 사실을 인지할 수 있게 하는 게 중요한데, 주기적으로 해당 직원을 관찰하고 기록하고 피드백을 주는 것도 한 가지 방법입니다. 물론 중요한 것은 추측이나 개인적인 생각보다는 반드시 객관적인 근거를 가지고 접근해야 한다는 점을 잊지 마시길 바랍니다.

결과를 수긍하지 않고
고객 또는 평가자의 태도에 이의 제기하는 경우

상담 중 고객과 함께 언성이 높아지고 급기야 고객이 "너무 불친절
하다! 상담직원 이름이 어떻게 되냐!"라는 언급까지 있었습니다. 해
당 콜에 대해 코칭을 하는데 상담직원이 "고객이 이렇게까지 하는데
친절하게 하고 싶지 않아요. QA님이라면 이런 고객한테 친절하게 응
대하실 수 있겠어요?"라고 묻더니 평가 결과를 인정할 수 없다고 하
는 거예요. 이렇게 평가 결과를 수긍하지 못하고 고객 또는 평가자의
태도에 이의 제기하는 상담직원으로 인해서 힘들어요. 이러한 경우에
는 어떻게 코칭을 진행해야 할까요?

✦ 이렇게 해 보세요

이러한 유형의 상담직원에게는 응대와 관련하여 감정이 개입될 수
있는 가능성에 대해서는 충분히 인정을 해 줍니다. 다만, 고객을 응
대하는 것은 사람과 사람이 아닌 고객과 회사로 연결되어 있음을 인
식할 수 있도록 한 뒤 감정적인 응대가 얼마나 위험한지 그리고 왜 감
정적인 대응을 하면 안 되는지를 충분히 설명하는 것이 바람직합니

다. 감정적인 응대를 할 때 자신의 주도권을 빼앗기고 결국 고객의 의도에 따라 끌려다닐 가능성이 높다는 점과 제대로 대응하지 못했을 경우 다른 직원뿐만 아니라 회사에도 미칠 영향을 설명해 주는 것이 좋습니다.

이를 위해 유사한 상황에서 해당 상황에서 의연하게 잘 대처한 사례나 콜을 통해 체감할 수 있도록 하는 것이 바람직합니다. 또한 평가 결과를 수긍하지 못할 경우에는 동일한 상담유형으로 높은 점수를 받은 상담직원의 콜을 함께 청취하면서 본인의 콜과 비교 청취하는 시간을 코칭 전에 갖는 것이 좋습니다. 어떤 이유로 해당 평가를 받을 수밖에 없는지를 구체적으로 설명하고 이를 객관화할 수 있는 자료를 제시해 줍니다.

또한 평가항목의 경우 누가 모니터링을 한다고 하더라도 동일한 평가 결과가 나올 수밖에 없으며 평가의 공정성을 위한 구체적인 활동을 안내함으로써 이의 제기를 예방할 수 있습니다. 상담직원이 우수 콜과 본인의 콜을 청취하면서 본인의 문제점을 파악하도록 한 후, 이를 개선하기 위한 방법을 1~2가지 정도 요약해서 제시해 주면 좋습니다. 이때 개선 방법은 추상적인 말과 표현보다는 구체적인 지침 형태가 되어야 효과적입니다.

지속적으로
불친절 관련 민원을 유발하는 경우

저희 센터에 입사 1년이 지난 상담사인데 매달 불친절 민원이 2건 이상 발생하는 분이 있습니다. 평소에는 차분하고 안정적으로 상담을 하는데 느닷없이 언성이 높아지면서 고객에게 불친절한 말투와 언어 표현 등으로 민원이 접수되어서 지속적으로 코칭을 하고 있는데요. 코칭 시 노력하겠다고는 하지만, 갑자기 언성이 높아지거나 불친절한 태도들을 보일 때 주변 상담사나 신입상담사에게까지 영향을 끼칠까 봐 걱정됩니다. 지속적인 코칭에도 불친절 관련 민원이 지속적으로 접수되는 직원의 경우에는 어떻게 코칭을 진행해야 할지 감이 오지 않는데, 어떻게 하면 좋을까요?

✦ 이렇게 해 보세요

우선 반복적으로 불친절 민원이 발생하는 요인이 무엇인지 파악하는 것이 선행되어야 합니다. 반복적인 민원이 발생하고 있으므로 해당 콜에만 집중하는 것이 아니라 기존에 발생된 민원건에 대해서도 모두 분석하여 특정 고객 유형에게만 감정적 반응을 하는지, 콜이 폭주하는 시간대에 생산성이 떨어질까 봐 조급해서 고객을 다그치거나 응대를 할 때 목소리, 톤, 또는 표현은 물론 말의 뉘앙스가 고객을 무시하는 것은 아닌지 또는 개인적인 신상에 문제가 있는 것은 아닌지 등 다각도로 문제점을 파악하여야 합니다.

이러한 문제점이 있는지 여부를 정확히 파악하여 민원발생콜 관련 1:1 코칭을 진행합니다. 이때 민원콜을 함께 심층적으로 청취한 후 문제점에 대하여 솔직하게 이야기해 봅니다. 불친절한 민원이 발생하는 이유를 구체적인 사실에 근거하여 콜을 들려주거나 해당 민원이 발생하지 않기 위해 지켜야 할 태도와 자세는 물론 하지 말아야 할 태도와 자세를 지침 형태로 제공하는 것입니다. 그리고 이러한 지침이 제대로 지켜지고 있는지 지속적으로 모니터링하고 꾸준히 피드백을 해 주는 것이 가장 바람직합니다.

주의해야 할 포인트는 상담사를 너무 다그치는 피드백이 아닌 유연하게 이해하는 입장에서 다독여 주는 코칭 방법으로 진행해야 한다는 점입니다. 무리하게 혼자 해결하도록 하는 것보다는 필요에 따라 이관이나 도움 요청 등이 있음을 상기시키고 코칭 후에도 개선되지 않을 시에는 채팅상담 등 다른 채널로의 업무 전환도 고려할 필요가 있습니다.

코칭 내용을 수용 및
개선하지도 않으며 감정적으로 대응하는 경우

코칭을 할 때 코칭 내용을 수긍하지 않고 반론을 제기하거나 감정적으로 나오는 상담직원들을 설득하는 것이 많이 어렵습니다. 예를 들면, 응대 스크립트에는 없는데 상담에 불필요한 멘트를 반복적으로 사용하고 있어서 지양하는 좋겠다고 피드백했더니 본인은 친절하게 상담하려고 하는 멘트라고 하더라고요. 또, 억양을 이상하게 써서 바꾸어 보면 어떨지 제안했더니 다른 사람들도 다 그렇게 하는데 왜 본인한테만 자꾸 바꾸라고 하느냐고 해서 코칭하기가 많이 어렵습니다. 어떻게 하면 좋을까요?

✦ 이렇게 해 보세요 ✦

우선 코칭 내용을 수용하지 못한다는 것의 전제에는 평가기준과 코칭, 코치에 대한 신뢰도가 부족해서 발생한 것일 수 있다고 보입니다. 그렇기 때문에 사전에 명확한 평가기준의 정립, 코칭에 대한 프로세스, 코치들의 귀높이 회의를 통한 코칭 기술 표준화 등을 통해 신뢰감을 형성하는 것이 가장 우선되어야 할 것 같습니다.

이외에도 최근 공지된 내용이나 스크립트는 물론 교육을 진행한 내역이나 주요 내용 등 자료를 준비하셔서 먼저 그 내용을 함께 살펴본 후 코칭을 진행하셔야 합니다. 그리고 다른 상담직원들도 그렇게 한다는 내용에 대해서는 동료 직원들의 콜을 추출하여 함께 동료 모니터링을 하면서 본인 콜과 확연히 다르다는 것을 체감할 수 있도록 하는 등의 활동을 병행하셔야 합니다. 이렇게 말하는 직원들의 경우, 구체적인 자료를 가지고 설득을 해야 신뢰감을 줄 수 있습니다.

또한 코칭을 진행할 때는 추상적인 표현보다는 구체적이고 실천 지향적인 지침을 제공하여야 합니다. 추상적이고 구체적이지 않으면 코칭 내용에 대한 신뢰가 쌓이지 않을뿐더러 개선을 위한 행동으로 이어지지 않을 가능성이 높기 때문입니다.

QA점수는 포기하고
응대콜 수만 높여서 평가받겠다고 하는 경우

저희 센터에는 근속년수가 꽤 오래된 직원들이 많습니다. 반기별로 평가를 진행해서 인센티브를 책정하고 있다 보니 상담직원이 생각하기에 평가를 진행하는 초기에 상담품질 점수가 낮아 회복이 불가능하겠다고 판단되면 상담품질 점수는 포기하고 응대콜 수를 높여서 평가를 잘 받겠다는 전략들을 세운다고 하더라고요. 실제로 코칭 시 상담품질평가 결과를 근거로 피드백을 하는데 "QA님, 저 이번 평가에는 상담품질 점수는 포기하고 콜에만 집중할래요."라고 해서 몹시 당황스러웠어요. 둘 다 집중해야 하는 것이 당연하다고 생각하는데, 이러한 상담직원의 반응에 대해서 어떻게 대처하는 것이 바람직할까요?

◀ 이렇게 해 보세요 ▶

고객센터의 경우 혼자만이 아닌 다양한 사람들이 모여 일하는 특수한 상황의 조직이며 동일한 목표를 가지고 움직이는 조직이기도 합니다. 게다가 생산성은 고객센터를 위해 반드시 필요하지만, 무엇보다 상담품질은 고객센터의 비전과 목표를 달성하기 위해서라도 반드시 필요한 활동입니다. 그러나 질문과 같이 반기별로 평가하여 인센티브를 지급하는 정책을 펴는 것은 고객센터의 문제라고 보입니다. 평가가 있으면 그에 따른 보상이 따르는 것은 너무도 당연하며, 성과보상 체계는 반드시 그로 인해 발생할 수 있는 부작용들을 감안하여 수립해야 합니다.

상담직원 입장에서는 초기에 점수가 낮아 인센티브를 받지 못할 것 같으면 해당 항목은 포기하고 다른 평가항목에 집중한다고 하는 것이 당연한 태도가 아닐까요? 상담직원을 두둔하는 것이 아니라 그런 식으로 보상체계를 수립하면 상담직원의 입장에서는 자신에게 유리한 방향으로 성과관리를 할 가능성이 높다는 사실입니다. 따라서 성과에 따른 보상체계를 수정 및 보완할 필요가 있습니다.

그러나 상황이 그렇다고 콜 수에만 집중하겠다고 말하는 상담직원의 생각이나 자세도 바른 것은 아니라고 보입니다. 이러한 태도를 수용하는 것은 다양한 문제를 양산할 수 있으며 균형 잡힌 성과관리는 개인뿐 아니라 조직 전체를 위해서도 반드시 필요하다는 사실을 인지시켜야 합니다. 또한, 상담품질을 포기하지 않아야 되는 이유를 자각할 수 있도록 CS마인드 교육을 진행하고, 구체적인 상담품질의 문제점을 개선할 수 있도록 합니다.

이런 유형의 상담직원들은 개선 스킬보다는 마인드 교육이 선행되어야 합니다. '나 하나쯤이야!' 하고 상담품질을 포기하는 태도가 회사의 브랜드 이미지를 저하시킬 수 있고, 민원 발생으로 주변 동료에 피해를 끼칠 수 있으며, 불필요한 민원처리 비용으로 회사에 막대한 손해가 발생될 수 있다는 점에 대해 정확히 인식시키는 것이 필요합니다.

이와 함께 우수그룹에 속하기 위해서는 상담품질과 생산성 두 가지 모두 충족되어야 함을 객관적인 자료로 설득하는 것이 필요해 보입니다. 사후 관리 방안으로는 운영관리자와 상의하여 상담품질 하위점수 발생 시 급여에 반영되는 지표를 함께 시뮬레이션해 주는 것도 하나의 방법이 될 수 있습니다.

관리자 경험이 있는 직원이 부정적이고
자기 스타일만 고집하는 경우

최근에 저희 센터에 관리자 경험이 있다는 상담직원분이 입사를 했습니다. 코칭할 때마다 "내가 전에 있던 센터에서 관리자로 근무할 때는 이렇게까지 안 했었는데…. 왜 이렇게까지 하는 거예요?"라면서 계속 본인의 관리자 경험을 얘기하고, "기준을 누가 만들었냐!", "평가 제대로 한 거 맞냐!", "QA님이 전화 한번 받아 봐요. 이 기준대로 되는지?", "나는 코칭 이렇게 안 했었다."라면서 계속 부정적인 반응을 보이며 코칭 내용을 수용하지 않고 본인의 스타일만을 고집하는 경우에는 어떻게 해야 할까요? 사실 해당 직원의 태도도 마음에 들지 않고 코칭하기가 두렵고 버겁습니다.

✦ 이렇게 해 보세요

우선 관리자 경력이 있는 직원이 있다면 무작정 무시하기보다는 해당 직원의 경력에 대해서는 충분히 인정하려는 태도는 필요합니다. 인정하지 않으면 자신을 무시한다고 생각할 수도 있기 때문이죠. 면담을 할 때 "○○씨는 관리자 경력이 있다고 들었는데 그렇다면 현장

경험도 많고 다양한 직원들의 태도는 물론 고객들의 민원을 처리하신 경험이 많겠군요.”라고 인정해 주며 “그렇다면 더더욱 관리 경험이 많으니 더 잘 아시겠지만….”이라고 이야기하고 구체적으로 개선되어야 할 사항들을 전달하는 것이 좋습니다.

예를 들어 “○○씨는 정말 현장 경험이 많으니, 다양한 직원과 고객을 경험하셨겠네요. 경험이 많아서 유연하게 응대하는 노하우도 많이 알고 계실 것 같습니다. 또, 관리 경력도 있다고 들었는데 그럼 이런 경우 어떻게 코칭을 하셨나요?”라고 과거 경력을 인정해 주면서 자존심을 지켜 준다면 마음의 문을 열게 될 겁니다. 이렇게 선을 넘지 않는 범위 내에서의 인정은 오히려 해당 직원으로 하여금 긍정적으로 수용할 수 있는 상황을 만들기도 합니다.

그러나 지속적으로 코칭 내용대로 하지 않거나 본인의 스타일을 고집하는 경우, 객관적인 사실을 근거로 잘못된 점을 지적하고 개선을 요구해야 하며, 과거의 경력을 인정하지만 해당 조직과 현재 조직의 운영 형태나 방향은 다르므로 명확하게 지시에 따라 줄 것을 단호하게 전달해야 합니다. 이때 감정적인 대응이나 지시가 아닌 고객센터의 규정과 지침에 의거해서 객관적인 지식이나 정보 위주로만 전달하는 것이 바람직합니다.

1:1코칭이 너무 부담된다며
반복적으로 거절하는 경우

고객 상담 경력이 없는 상담직원이 저희 센터로 오게 되었습니다. 아무래도 상담 경력이 없다 보니 코칭을 할 일이 있어서 약속을 잡고 코칭을 진행하려고 하면 "두통이 있다.", "배탈이 났다.", "오늘 컨디션이 안 좋다."는 등의 이유로 거절을 합니다. 처음에는 변경하거나 제외해 주기도 했지만, 반복적으로 거절하다 보니 코칭 일정에도 계속 차질이 생기고, 상담품질도 계속 떨어지고 있는 상황이었습니다. 이러한 상황이 반복되다 보니 더 이상 코칭을 미룰 수가 없어 단호하게 약속을 잡고 코칭을 진행하게 되었는데 코칭룸으로 온 상담직원은 "이렇게 1:1 코칭하는 것이 너무 부담돼서 공황장애가 올 거 같아요." 라고 하더라고요. 이럴 때 저는 어떻게 해야 할까요?

✦ 이렇게 해 보세요

만약 1:1 코칭이 부담스럽다고 할 때는 형식적인 1:1코칭보다는 스팟코칭이나 그룹코칭을 진행하시면 좋습니다. 스팟코칭의 경우 비형식적인 코칭으로 1~2가지 주제를 가지고 짧게 이루어지는 코칭이므로 상담직원은 물론 QA도 심적 부담감이나 거부감이 덜합니다. 또한 그룹코칭의 경우 혼자가 아닌 여러 명이 대상이 되므로 심적인 부담이 줄어드는 효과가 있습니다.

다만 대상자 선정 시 부진자들로만 구성함으로써 위화감을 조성하는 것보다는 코칭 대상 직원의 동기와 친밀함을 유지한 상담직원들을 일부 배정하여 함께 위화감을 배제하고 코칭 대상자들 간 친밀감을 느끼게 하여 부담감을 최소화해야 합니다. 이러한 구성을 통해 그룹코칭을 진행함으로써 전달하고자 하는 내용을 충분히 제공하고 코칭에 대한 부담감을 최소화하는 동시에 코칭에 대한 신뢰감이 형성되는 시점에 자연스럽게 1:1코칭으로 전환할 것을 제안합니다.

또한, 반대로 그룹코칭을 어려워하는 상담직원들도 있으므로 사전에 상담직원들의 성향을 파악하여 선호하는 코칭 방식을 적용하는 것이 코칭 효과를 극대화할 수 있는 방법입니다.

반복되는 표현을 적당히 사용하라고 할 때
기준이 모호한 경우

센터에 50대 상담직원이 근무 중인데 '요조체'가 너무 많으니 응대할 때 적당하게 활용하거나 상황에 맞게 사용하면 좋을 것 같다고 코칭을 했습니다. 그런데 상담직원은 '요조체' 없이 응대를 했더니 오히려 딱딱한 상담이 되어 버려 고객이 "조선족이냐?", "전투적이시네요."라는 반응이 나왔다고 합니다. 상담직원에게 고객응대를 할 때 요조체를 적당하게 사용하라고 해야 하는 이 모호함이 굉장히 어렵습니다.

✦ 이렇게 해 보세요

우선 요조체를 적당하게 활용하라고 하는 것 자체가 추상적이기도 하고 모호하기까지 합니다. 또한 코칭 대상자마다 '줄인다'라는 기준이 모두 다르기 때문에 주관적인 모호함이 존재하는 기준에 대해서는 세부적이고 객관적인 기준을 수립하고 합의하는 것이 좋습니다. 사실 이러한 모호함은 그 경계나 기준을 정하기는 어렵고 상담을 통해서 경험치가 축적되어야 하는데 쉽지는 않죠. 따라서 구체적이지는 않더라도 기준을 제시하여 모호함의 경계를 허무는 노력은 필요해 보입니다.

또한 피드백 멘트를 사용할 경우 받아들이는 대상자들이 각기 다르므로 아주 디테일한 코칭화법을 제시해야 합니다. 실제 해당 콜을 같이 들어 보거나 사전에 해당 직원의 콜을 모니터링하고 난 뒤 구체적인 사실을 확보하거나 분석해야 하죠.

모니터링 결과 요조체 사용이 너무 많은 경우 응대를 할 때 "○○님, '요조체'를 조금 지양해 주시면 좋겠습니다. 과도하게 사용할 경우 고객이 오해를 할 수도 있고 역으로 민원의 단서로 작용하는 경우도 있기 때문입니다. 그렇다고 요조체를 한마디도 안 할 경우 굉장히 딱딱하게 느껴질 수 있으니 일정 비율(7:3 또는 6:4정도)을 정해서 활용하시는 것이 좋겠네요." 이런 식으로 디테일하게 피드백을 제공하는 것도 좋습니다.

다만 일정 비율을 제대로 인식하고 적용하기 어려운 상담직원이라면 "정보확인, 본인확인, 재확인, 종료 멘트, 이 네 구간은 반드시 '다까체'를 활용하고 이외 구간은 요조체를 사용해 보세요." 등으로 구체적인 피드백을 제공하거나 제시해 주는 것이 좋습니다.

초보 QA인데 경험이 없어 서면
피드백에 부담을 느끼는 경우

고객센터에서 초보 QA로 근무하는 저에게 최근 가장 큰 고민은 서면 피드백입니다. 센터에서 대면 피드백도 병행하고 있지만 매월마다 평가 및 분석한 내용을 적어 주는 서면 피드백에 대한 부담도 느끼지만, 내용을 달리 기재하는 것도 너무 어렵습니다. 또한 텍스트로만 전달되는 서면 피드백의 한계가 있음에도 불구하고 짧고 간략하게 정리해야 하고, 이 때문에 피드백 과정에서 본래 의도와는 다르게 감정이 전달되어 오해의 소지도 있어 조심스럽네요. 서면 피드백 관련해서 이전 자료가 별로 남아 있지 않고 제가 근무할 당시에 서면 피드백을 많이 받아 보지 않아서 더욱 어렵게 느껴집니다. 서면 피드백에 대해서 조언을 구하고자 합니다.

✦ 이렇게 해 보세요

다른 조직에서도 마찬가지이겠지만 고객센터에서 피드백의 중요성은 아무리 강조해도 지나치지 않습니다. 특히 서면 피드백의 경우도 아주 중요한 커뮤니케이션의 한 가지 방법인데, 서면 피드백은 상담직원의 개별 실적에 대한 충분한 이해와 분석이 선행되어야 합니다. 이러한 사전 분석을 통해 상담직원별로 개선·보완되어야 할 평가항목에 대해서 피드백을 주셔야 합니다.

서면 피드백 시 주의할 점은 표현이나 내용이 명확해야 하고 반드시 사실에 근거하여 작성되어야 한다는 점입니다. 그뿐만 아니라 현황 및 원인, 문제점에 대한 이슈가 명확해야 하고 이에 대한 대안 및 개선되어야 할 사항들이 구체적이고 실행 가능해야 합니다.

서면 피드백의 작성 형식은 정해진 것이 없으며 고객센터마다 형식 및 내용에 있어 천차만별입니다. QA담당자가 너무 많은 내용을 포함하여 작성한다면 부담이 되므로 반드시 필요한 항목들을 설정하여 이를 서면 피드백에 반영하여야 합니다. 보통 개선이 시급한 항목 2~3가지를 중점적으로 거론하고 이를 개선할 수 있도록 하는 것이 바람직합니다.

예를 들어 포함되어야 할 항목은 평가 결과 및 월별 추이, 평가항목별 추이, 타 상담직원이나 팀별 평가 비교, 각 평가 항목에 대한 의견과 개선요소, 상담직원의 특이사항들이 있는데 상황에 맞게 이를 서면 피드백에 반영하면 됩니다. 서면 피드백 작성 시 위에 언급한 항목을 일괄적으로 나열하는 것보다는 반드시 핵심사항을 정리해서 피드백해 주어야 하며, 이해를 도울 수 있는 도표나 그래프 등으로 시각화한다면 효과가 배가될 수 있습니다. 중요한 것은 서면 피드백이 단순히 점수를 알려 주는 차원의 것이 아니라 해당 상담직원의 미흡한 부분과 전월 대비해서 향상된 부분을 알려 주어 향후에 개선될 수 있도록 도와주는 데 목적이 있다는 것입니다.

'성의 없다' 또는 '불친절하다' 라고 평가받는 직원을
평가하는 경우

공공기관 고객센터에서 QA업무를 수행하는 사람입니다. 고객센터에서 근무를 하다 보니 친절한 음성만으로 고객 만족이나 긍정적인 고객 경험을 제공할 수 없다는 것은 동의합니다. 하지만 고객문의에 정확한 답변, 신속한 처리를 해 줘도 음성에서 불친절한 느낌이 전달되는 경우 고객은 원하는 처리가 잘되었어도 너무 불친절하다, 성의가 없다며 만족도는 낮게 평가하는 경우도 가끔 발생하곤 합니다. 그러다 보니 성의 있고 친절한 음성은 기본이라는 생각이 드는데요. 만약 음성연출 평가가 없다면 어떤 기준을 가지고 개선해야 할까요?

✦ 이렇게 해 보세요

과연 얼마나 많은 고객들이 그러한 반응을 보이고 있을지 궁금합니다. 일부 고객의 반응을 전체 고객의 반응이라고 생각하면 안 될 것 같습니다. 대부분의 고객은 자신이 원하는 정보나 지식을 얻기 위해 또는 문제해결을 위해 전화하는 경우가 대부분입니다.

그런데 일반 문의 말고 콜센터에 전화하는 고객을 보면 어느 정도 불만이나 화를 가지고 전화하는 경우가 많을 듯싶은데 자신이 원하는 대로 되지 않을 경우 자신의 문제가 아닌 상담직원의 자세나 태도를 가지고 꼬투리 잡는 경우가 대부분이 아닐까 싶습니다.

음성에서 불친절하다고 느끼는 소수의 고객을 제외하고 대부분의 고객은 자신의 목적에 부합하면 음성을 가지고 트집을 잡지 않는다고 생각합니다. 위에서 말씀하신 대로 '정확한 답변, 신속한 처리를 해 줘도'라고 하셨는데 이런 소수의 생각이 꼬인 고객들은 뭘 해도 불만을 가지기 마련이죠. 직원을 하대하거나 자신이 원하는 대로 되지 않으면 직원에게 화풀이하거나 엉뚱한 평가를 주는 이들의 말에 휘둘리기보다 그들을 응대하는 직원들에게 잘하고 있다는 말로 토닥이는 편이 나을 듯싶습니다.

가끔 고객센터 상담품질 평가표를 보면 진심 어린 응대 여부를 평가하는 곳도 있습니다. 그런데 잘 생각해 보면 진심 어린 응대를 하라고 하면서 음성연출을 하라는 것이 말이 되나요? 연출이라는 말 자체가 본모습 또는 '진심 어린'과는 거리가 있는 용어가 아닌가요?

필자는 본문에서도 말씀드렸다시피 음성연출 항목에 대한 평가와 관련하여 음성연출을 평가하지 말고 문제가 되는 부분은 교육이나 훈련을 통해서 개선해 나가야 한다고 생각합니다. 음성연출을 개선시키기 위한 교육이나 훈련에 대한 투자는 하지도 않으면서 그냥 편하게 고객만족 요소를 평가기준으로 삼아 모니터링하고 이것을 인센티브나 인사고과에 반영하는 것은 문제라고 생각합니다. 국내 고객센터 대부분이 이러한 문제에서 자유로울 수 없습니다.

어차피 고객응대의 궁극적인 목적라는 것이 지식 및 정보제공능력과 문제해결능력이라면 이 부분에 포커스를 맞춰야 하는데 자꾸 엉뚱하게 음성, 속도, 억양 그리고 말도 안 되고 주관적이며 억지스러운 평가기준(예를 들어, 미소 있는 음성으로 고객의 감정과 상황에 따른 적절하고 진심 어린 음성연출을 하였는가?)으로 상담품질을 왜곡시키고 상담직원을 괴롭히는 항목들은 없어져야 한다는 점을 말씀드린 겁니다.

음성연출 평가를 하는 고객센터는 한국 고객센터 서비스 품질을 대표하는 기관이라고 착각하며 이들이 만들어 낸 평가항목 및 기준을 신봉하고 자사 상담직원의 육체와 정신을 탈탈 터는 우수 고객센터에서는 맞을지 모르지만 그렇지 않은 곳이라면 굳이 음성연출을 평가할 필요가 없다고 생각합니다. 그래도 음성연출이 중요하다는 생각이 들면 자주 문제가 되는 부분을 수집하거나 축적해 두었다가 구체적으로 문제가 되는 부분에 대해서는 1:1 코칭을 진행하고 지속적으로 모니터링과 트래킹(Tracking)을 통해 개선해 나가는 것이 바람직하다고 생각합니다.

또는 적정인력을 투입하는 것도 바른 방법입니다. 하루에 평균 100콜을 받게 하면서 사람에게 똑같은 음성연출을 하라고 하는 것이 과연 맞는지 생각해 보시면 답이 나올 겁니다. 특히 오후 2시 이후가 되면 거의 그로기 상태 또는 죽기보다 싫은 극단의 나른함이 밀려오는 가운데 맨정신으로 고객 응대하기가 정말 어려움에도 불구하고 음성연출 가지고 난리 치는 일부 고객센터를 보면 분노가 치밀어 오릅니다.

불친절한 것이 꼭 상담직원의 잘못은 아닙니다. 오히려 제대로 교육이나 자원을 투자하지 않고 막무가내로 고객에게 친절을 강요하는 고객센터의 잘못이 아닌지 그리고 이러한 상황을 고착화시키는 시스템이나 정책, 프로세스의 문제가 아닌지 생각해 봤으면 좋겠습니다. 대부분의 문제는 상담직원의 태도보다는 서비스 규정이나 제대로 기능하지 않는 절차, 시스템, 정책의 문제로 귀결되는 경우가 많습니다.

회사에 대한 고객의 불만 요소를 개선하여 상담직원이 애써서 방어할 일을 만들지 않는 것이 선행되어야 합니다. 그래도 상담직원의 잘못으로 몰아가고 싶다면 아예 채용할 때부터 음성연출이 뛰어난 직원을 뽑든지, 채용을 했으면 콜센터에서 바라는 수준의 음성연출을 위해서 교육 훈련 외 다양한 자원을 투자하는 등의 노력이 필요하지 않을까 싶습니다.

고객채널이 증가하면서 고객들도 원치 않고 상담직원은 물론 QA들조차도 평가하기 애매해서 혼란스러운 항목을 굳이 모니터링하는 이유를 모르겠습니다. 필자의 경우 1996년부터 고객센터에서 근무했는데 근 30년 동안 상담품질과 관련해서 변화한 것이 무엇인지 모르겠습니다. 언제 작성했는지도 모를 스크립트, 변하지도 않고 해당 고객센터 상황에 맞지 않는, 여기저기서 짜깁기한 평가항목, 구체적인 데이터나 근거가 아닌 자신의 경험을 토대로 진행되는 코칭은 제가 일하던 1996년 이후에 몇십 년이 지났어도 바뀌지는 않고 여전히 득세하고 있습니다.

그리고 무엇보다 제일선에서 가장 힘들게 일하는 직원들에게 그저 죽지 않을 정도의 최저임금을 주면서 아나운서 정도의 스킬이나 역량을 바라는 것이 과연 바람직한지 생각해 봐야 합니다.